# En la era de los niños cosa

## Ensayos contra la crianza como emprendimiento

Santiago Gerchunoff

Primera edición en español, marzo de 2026



Colección Ensayo mini
Diseño de colección: Alejandro Cerezo
Diseño de cubierta: Ana Nuño
Maquetación: Elena Iglesias Serna
Impreso en España por Kadmos

www.lenguadetrapo.com
www.circulobellasartes.com

ISBN: 978-84-8381-317-1
Depósito legal: M-6274-2026



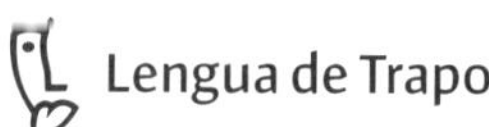

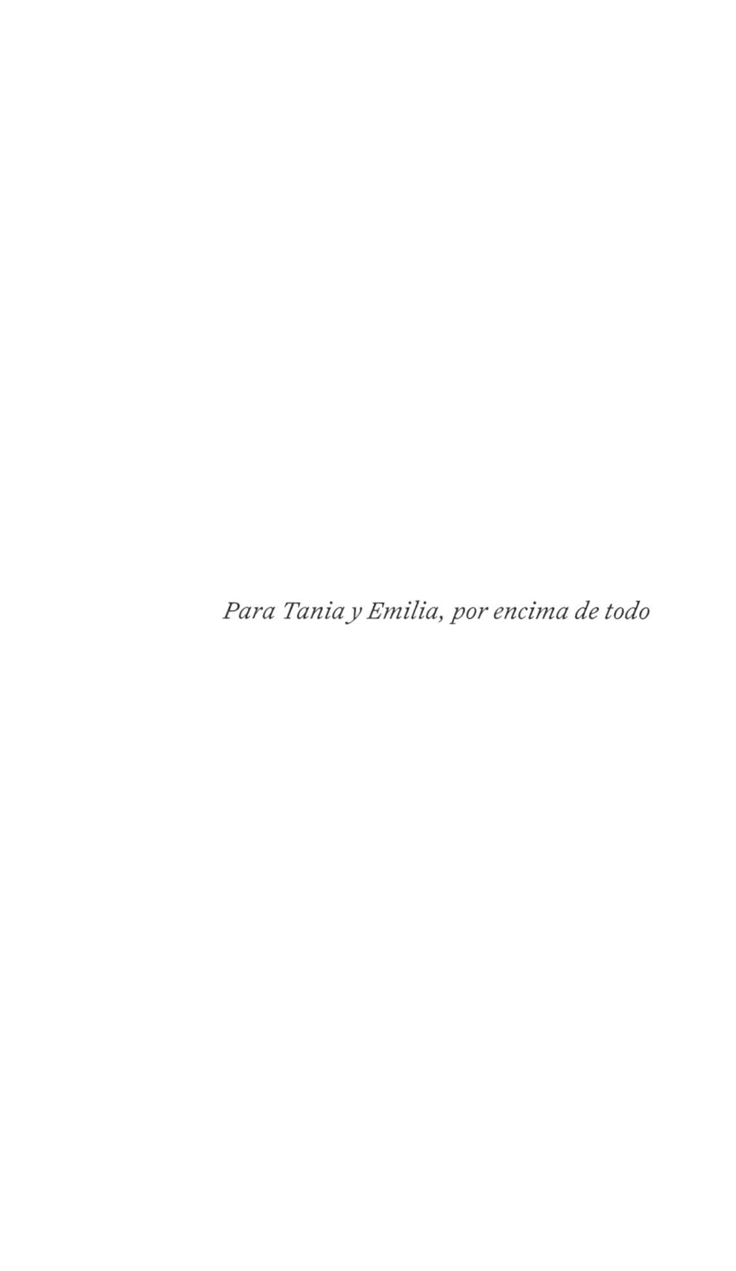

*Para Tania y Emilia, por encima de todo*

# Índice

«Nada que valga la pena aprender
se puede enseñar»
Oscar Wilde

# Prólogo

Escribí las primeras versiones de los pequeños ensayos que aquí se reúnen mientras criaba a mis hijas y editaba, recomendaba y vendía libros. En estos textos quedaron marcados el entusiasmo y la alegría de criar, pero también el estupor, la desorientación y cierta vergüenza ligada al acto mismo de educar.

No puedo evitar contemplar mi propia vida con mirada de crítico literario cruel. Al hacerlo, encuentro este capítulo en el que me hice padre, atravesado por una incomodidad persistente que prefiero atribuir menos a una falla personal que a algo propio del tiempo que nos tocó.

Esa incomodidad epocal en la crianza está condensada en el título de este libro y se despliega en los textos de la primera parte: la paternidad como emprendimiento, los hijos como obras, proyectos o extensiones del yo. En la segunda parte, en cambio, la atención se desplaza hacia la relación entre narración e infancia, una relación central en mi vida como hijo y como padre, y quizá también la única huida posible frente a las exigencias abrumadoras de una crianza llena de intenciones. En ese desplazamiento, la narración y la literatura aparecen menos como respuestas que como un bálsamo: una forma de seguir amando, cuidando y jugando más allá de toda obligación, de toda pretensión.

# I. La crianza como emprendimiento

## Una Stasi acaramelada

De todas las costumbres infames con que los padres de hoy impedimos que nuestros hijos crezcan, la más obscena es el grupo de WhatsApp de padres del colegio. Tierno panóptico, Stasi acaramelada, el WhatsApp de padres es una nueva institución disciplinaria a la que nada se le escapa: si Juan tiene alergia al chocolate, si Romina no entregó a tiempo el trabajo de matemáticas y le pusieron un negativo, si Dani le dijo «gorda» a Verónica o si Naiara y Lucas se dieron un beso en la boca detrás de la puerta de la biblioteca.

Pero, siendo lo más ridículo y bizarro, el grupo de WhatsApp es solo la punta del iceberg de un fenómeno general que obstruye la maduración de los niños en las sociedades supuestamente más avanzadas: la invasión de la vida escolar por parte de sus progenitores. Así como se dice que en muchas sociedades el drama alimentario no es tanto el hambre como la obesidad, en buena parte de las nuestras, el drama educativo no es el desinterés o la falta de implicación de los padres en la educación de sus hijos, sino al revés, su exceso de celo y su intromisión continua en el espacio escolar.

La autonomía que pretendemos inculcarles no debería ser un eslogan hueco que cacareamos mientras les revisamos la agenda, miramos el WhatsApp de padres e intentamos enterarnos de todo lo que han hecho o dejado de hacer.

El sentido original de la educación pública obligatoria era, precisamente, que los niños se librasen de sus padres. Sí: que no estuviesen condenados a repetir las particularidades de origen, que no llevaran tatuadas las singularidades de sus progenitores como una condena ineludible. En ese sentido, la educación pública obligatoria (da igual si es del Estado, concertada o privada mientras esté públicamente regulada) consiste en un ascenso desde lo particular (la esfera privada) a lo universal (la esfera pública).

Todo el empeño de Immanuel Kant, en 1784, con ese opúsculo seminal de nuestra civilización que se llamó *¿Qué es la Ilustración?*, era hacer posible que los ciudadanos salieran de la mera particularidad de sus hogares y sus trabajos (con todas las sumisiones intrínsecas a esos ámbitos: ser «hijo» o «empleado» o cualquier relación de obediencia) para elevarse a la universalidad igualitaria y libre del debate público.

«*Sapere aude!*», «¡atrévete a saber!», el lema kantiano de la Ilustración, es todavía el lema implícito de todo sistema educativo en tanto que dispositivo emancipador. Pero, en el argumento de Kant, «atrévete a saber» quiere decir: libérate de tus tutores, piensa por ti mismo, sé independiente. Este es el objetivo de toda educación republicana: emancipar (poco a poco) a los niños de sus tutores, convertirlos en sujetos, mayores de edad, ilustrados, críticos y, por tanto, libres.

¿Cómo podemos contribuir a ese objetivo desde la cantinela, cada vez más común, de que «los padres deben implicarse más en la escuela», «los padres no deben abandonar a los niños en la escuela y desentenderse de ellos hasta que vuelven a casa»? Eso es lo que deberían hacer: olvidarse de ellos mientras no están en casa, dejar que la escuela cumpla su cometido, que sea un ámbito de los niños y de sus educadores profesionales, que son quienes los van a ayudar a librarse de nosotros. Si esos educadores requieren constantemente nuestra presencia, es que no están cumpliendo su función.

Está claro que este discurso ha calado también en la institución escolar, y son los propios maestros y pedagogos los que animan a participar y requieren la continua presencia de los padres en la escuela. La insistencia en los deberes es otra de las taras antieducativas que obliga a los padres a entrometerse en lo escolar. En el fondo, la obsesión con la implicación de los padres es un discurso perversamente aliado con el continuo recorte de los presupuestos públicos para educación.

Pero, más allá de las aulas, incluso los cumpleaños infantiles se entienden ahora como una reunión lúdica y festiva, no ya de los niños vigilados por algún adulto, sino de los padres que se juntan casi todos (el que no va es un mal padre) en una comunidad falsaria, impostadamente amistosa, donde la mayoría de las conversaciones versan sobre chismorreos seudopedagógicos alrededor de los niños, a los que no se deja ya ningún espacio opaco para que puedan jugar sin testigos. No debería extrañarnos que, al no darles un lugar propio, ajeno a nuestra vigilancia, lo acaben buscando en los arrabales digitales, en los márgenes de hoy, y sean libres al modo terrible del «niño criminal» que describió Jean Genet ya en 1948.

¿Tan aburridas, tan poco interesantes se han vuelto nuestras vidas que tenemos que estar pendientes siempre de un chat colectivo cuyo tema es la vida de nuestros hijos? Para ayudarlos a ser sujetos no hay más remedio que dejarlos de tratar como nuestros objetos.

# El angloparlante de parque infantil

Hay algo muy turbador en oír a un muchacho de Madrid hablar en inglés a sus hijos, como si lo vieras llevando una máscara. Creo que no soy el único para el que cada vez es más habitual, al bajar al parque con mis hijas, escuchar a otros padres hablándoles en inglés a sus niños. Y no es que en Madrid haya cada vez más ingleses: se trata de padres españoles que se vuelven angloparlantes circunstancialmente, al hablar con los hijos. ¿Qué hay detrás de la decisión de hablar en inglés a sus hijos? ¿Por qué termina produciendo una escena inquietante? ¿A qué responde la impresión de «máscara» que genera?

Es evidente que esos padres aman a sus hijos, y hablarles en inglés forma parte del deseo de educarlos lo mejor posible. En cierta medida, este deseo atraviesa a toda la sociedad: todos o casi todos los padres queremos que nuestros hijos aprendan inglés. Por eso los colegios privados ingleses suelen tener listas de espera para conseguir plaza y por eso los programas de bilingüismo en los colegios públicos, por mal que funcionen, son siempre un reclamo electoral efectivo.

La decisión de hablarle al hijo en una lengua ajena por su propio bien tiene una declinación en la clase alta y otra en la clase baja. La legitimación del padre rico que le habla a su hijo en inglés puede ser cierto cosmopolitismo, la idea de que, si sabe inglés desde bebé, podrá vivir en donde quiera, comunicarse con todo el mundo, será «libre». La motivación del padre pobre que le habla a su hijo en inglés, en cambio, es el anhelo de ascenso social: si aprende inglés desde el principio, tendrá más oportunidades laborales, estará mejor preparado para salir adelante y moverse con agilidad en la jungla del mercado.

Pero lo que llama la atención en ambos casos no es que un padre quiera que su hijo sepa inglés, sino aquello que está dispuesto a hacer para lograrlo: resignar la comunicación espontánea en su lengua habitual con tal de hacer mejor al hijo. Lo inquietante en esa forma de educar es la relevancia suprema que adquiere el ideal de hacer mejores a los hijos. La fantasía misma de estar haciéndolos, fabricándolos con más o menos prestaciones. Es la idea del hijo como obra la que rige en el padre o la madre que decide no hablar al hijo en su lengua (la que usa con todo el mundo, en el trabajo, en la calle, en la mesa y en la cama), sino aprovechar todo el tiempo que pueda para «agregarle» otra.

La escritora italiana Natalia Ginzburg recomendaba orientar la educación de los hijos para llegar a enseñarles no las «pequeñas virtudes», sino las grandes, «no la astucia, sino la franqueza y el amor a la verdad; no la diplomacia, sino el amor al prójimo y la abnegación; no el deseo de éxito, sino el deseo de ser y saber...». El angloparlante de parque infantil está obnubilado por las pequeñas virtudes: elige la forja del hijo por encima de la relación con el hijo. Elige lo intencionado, lo voluntario, lo pensado sobre lo espontáneo, lo tierno, lo afectivo. Transmite el deseo de éxito y no el deseo de ser y saber. Es la máscara de la paternidad como emprendimiento lo que nos turba en el angloparlante de parque infantil. La lógica de la utilidad poniendo bajo su dominio incluso el nivel más básico de la educación, el escenario mismo de toda crianza: la lengua materna.

La pensadora Hannah Arendt tuvo que huir de su Alemania natal en 1933 debido a su origen judío. Se exilió primero en Francia y más adelante en Estados Unidos. Cuando, ya en los años sesenta, le preguntaban qué había quedado vivo para ella de la Europa anterior a Hitler, Arendt respondía: «Lo que queda es la lengua materna». Además de leer con facilidad el griego antiguo y el latín, Arendt llegó a hablar muy bien el francés y se ganaba la vida escribiendo libros y dando clases en inglés, pero se negó siempre, de manera consciente, a perder el alemán: «Hay una diferencia abismal entre tu lengua materna y todas las demás», decía. El totalitarismo le había quitado su casa, su barrio, su ciudad, su trabajo, su familia y sus amigos, pero frente a toda esa pérdida le quedaba siempre el hogar infinito de la lengua materna. ¿De verdad vale la pena vaciar el hogar de nuestra lengua para hacer más competentes a los niños?

# Todos somos madres arrepentidas

Leyendo el ensayo *Madres arrepentidas* de Orna Donath es muy difícil no sentirse uno también una madre arrepentida. En el grupo de madres escondidas bajo seudónimos que protagoniza el libro, uno espera encontrarse sobre todo con monstruos insensibles, pero los testimonios de los que se nutre la investigación de la socióloga israelí son asombrosamente familiares y comprensibles para cualquier madre o padre: hacen referencia a las confusiones, decepciones, ilusiones más o menos falsas y a la mezcla de deseos propios y ajenos que todas las personas que tenemos hijos sentimos cuando decidimos tenerlos. Si bien el libro es valiente y certero al denunciar los discursos de idealización acrítica de la maternidad que recorren nuestras sociedades, en el fondo, no se atreve a decir toda la verdad: que nadie sabe lo que hace ni lo que quiere en realidad cuando decide tener hijos.

Lo que Donath pretende denunciar es que hay algunas madres que tienen hijos por diversos tipos de presiones externas (deseos de la pareja, discurso familiar o conveniencia social) y que por eso tienen todo el derecho al arrepentimiento (a expresar su frustración, su error de cálculo). La maternidad de esas madres arrepentidas no habría sido fruto de (cito textual) «un deseo que se sustenta en sí mismo», y no habría sido consecuencia de lo que la autora llama una «elección pura y libre», basada en reflexiones «sobre los costes, beneficios y efectos» de tener hijos. Al plantearlo así, Donath construye sin explicitarla nunca (quizá sin querer) una contrafigura ideal de la madre arrepentida, que sería la madre genuina, consciente, racional, informada, verdadera, cuya maternidad sí sería fruto de una «elección pura y libre» incontaminada por ningún deseo ajeno o presión externa de ningún tipo.

Pero ¿realmente hay alguien que sea madre o padre fruto de una «elección pura y libre» de ese tipo? ¿Existe algo así como un deseo de ser madre «que se sustenta en sí mismo», no atravesado en ninguna medida por los discursos familiares, sociales, culturales o por los deseos ajenos? ¿No somos todas las madres y todos los padres siempre, en alguna medida, posibles madres arrepentidas?

El planteamiento hiperracionalista del libro pide que lo cuestionemos incluso un poco más allá de su visión de la maternidad: ¿hay alguien que tome alguna de las decisiones cruciales en la vida fruto de una «elección pura y libre»? ¿Hay algún deseo propio que no esté constituido por una mixtura de discursos, tradiciones, ideales y deseos ajenos? ¿Es evitable para los seres humanos el error y, por tanto, el arrepentimiento? ¿Son todas las elecciones equivocadas fruto de una falta de libertad individual, de algún tipo de presión externa? ¿No consiste la libertad, precisamente, en la posibilidad siempre abierta de equivocarse? ¿Es posible tomar una sola decisión con la certeza de no estar errando? ¿No somos todos seres, en alguna medida, susceptibles de arrepentimiento?

El ideal emancipatorio moderno del que participan libros como el de Donath supone un sujeto completamente autónomo e independiente y un concepto de libertad humana como soberanía: la idea de que mediante el autoconocimiento y la eliminación de todas las presiones externas se puede acertar en las decisiones, de que la acción humana (por ejemplo, la maternidad) puede ser dirigida racionalmente con éxito y evitar así el error y el arrepentimiento.

Frente a esta idea de libertad como soberanía (como control de todas las variables en juego), y de sujeto autónomo, independiente, en la que el ser humano se asemeja a un dios, se erige aún la antigua ética aristotélica, para la cual el terreno propio de la acción humana, de la única libertad posible, es el de lo contingente, el de lo falible, el de lo que puede ser de un modo o puede ser de otro. Para Aristóteles la virtud humana por antonomasia no es la sabiduría, sino la prudencia, y no puede existir ninguna clase de ciencia (ni siquiera de arte), ningún «cálculo de costes y beneficios» certero para dirigir la acción humana. Las acciones humanas, más o menos prudentes, desatan siempre procesos que no son pronosticables ni reversibles; el que actúa, el que toma decisiones (más allá de las presiones afectivas, familiares, culturales o sociales), nunca sabe del todo lo que hace y, a pesar de eso, siempre resulta responsable de las consecuencias que nunca pretendió o pronosticó con su acción original. Incluso cuando estas consecuencias son tan desastrosas como el llanto inacabable de un niño que no nos deja descansar, que no nos deja vivir.

# El problema de los hoteles sin niños

La vieja melodía de Joan Manuel Serrat «Esos locos bajitos» («Niño, deja ya de joder con la pelota / que eso no se dice / que eso no se toca...») está más viva que nunca en el agresivo debate sobre los espacios sin niños. Adultos que han elegido no tener hijos reclaman la existencia de hoteles, restaurantes y otros espacios públicos libres de niños. Contra ellos se levanta un bloque de padres y madres que organizan toda su existencia alrededor de los hijos y consideran una aberración esta propuesta de segregación de los niños de la vida pública. ¿Quién tiene razón aquí? ¿La tiene realmente alguien?

El argumento central de quienes defienden la legitimidad de la existencia de zonas sin niños es la libertad de elección y la riqueza de las opciones de ocio: así como puede haber hoteles o restaurantes vegetarianos, o *gay friendly*, puede haber hoteles especialmente atractivos para familias con niños y también hoteles sin niños; «que cada cual vaya al que prefiera, todos somos igual de libres para elegir», vienen a decir. Y aducen también, cómo no, el «derecho de admisión» legislado en todos los ordenamientos jurídicos modernos.

¿Es aplicable el derecho de admisión en este caso? La respuesta, en apariencia contundente, del bloque proniños es que ni la libertad de elección de los consumos ni el derecho de admisión pueden suponer el racismo o la segregación: así como no se puede prohibir la entrada a un hotel o a un restaurante a negros, judíos u homosexuales, tampoco se le puede prohibir la entrada a un niño.

Pero esta respuesta de los proniños igualando la pretensión de que existan «espacios sin niños» al racismo o a la homofobia es equivocada, ya que omite el sentido más descarnado del argumento liberal de los antiniños. La equiparación de los antiniños con racistas es un error porque, en la mente del defensor de los espacios sin niños, los niños no aparecen en una lista junto a «negros, homosexuales y judíos», sino más bien en otra lista junto a «mascotas, motos de agua y humo». Es decir, no se discrimina a los niños en tanto que personas, sino en tanto que cosas; como objetos o propiedades de unos individuos (los padres) que molestan e invaden el espacio de otros individuos. El defensor de los espacios sin niños no dice «así como hubo espacios sin negros, debe haber espacios sin niños», sino «así como hay espacios sin mascotas o sin deportes acuáticos ruidosos y contaminantes, es legítimo que existan espacios sin niños».

El verdadero problema, entonces, es que los antiniños ven a los niños como objetos a adquirir o no, como cosas que ellos podrían haber tenido, pero han elegido no tener. No quieren entonces, lógicamente, soportar que esas cosas ruidosas e infinitamente demandantes, que los proniños sí han elegido soportar, interfieran en sus propias elecciones vitales: la relajada estadía vacacional en un hotel o una cálida velada de cena y conversación con amigos en un restaurante apacible.

Lo que los antiniños no ven es que los niños no son meros objetos equiparables a otras propiedades molestas (perros, automóviles, sustancias fumables) de los verdaderos sujetos de derecho (los padres), sino que, por el contrario, son una especie de «super sujetos de derecho». En efecto, los niños son los sujetos de derecho más protegidos que hay en todas las constituciones de nuestro mundo desde que, en los últimos años del siglo XVIII, se produjera el descubrimiento de la infancia y surgieran las primeras legislaciones específicas para niños. Hasta entonces (como se puede aprender leyendo al historiador francés Philippe Ariès en su clásico *El niño y la vida familiar en el Antiguo Régimen*), en un mundo básicamente rural, los niños eran considerados no más que como unos adultos pequeños, con menos fuerza física; como unos enanos. No tenían ningún privilegio especial: trabajaban hasta que su cuerpo se lo permitía, y estaban expuestos a los mismos peligros y exigencias que sus padres.

Fue el crecimiento de las grandes ciudades cosmopolitas y la vida pública que bullía con sus peligros y complejidades propias (sobre todo, el incesante trato con extraños) lo que condujo a considerar a los niños como sujetos de derecho privilegiado, protegiéndolos legalmente de determinados espacios y actividades potencialmente nocivas. Y también hoy, donde sigue siendo legal prohibir la entrada a los niños, el sentido de esa medida es protegerlos a ellos y no a los adultos que podrían ser molestados. Si no dejamos entrar a los niños en fábricas, oficinas, cárceles, discotecas o clubs de *swingers*, no es para proteger a los adultos que acuden a esos espacios (como razona el bloque antiniños), sino para proteger a los niños de la adultez misma.

Pero atención: la cosificación de los niños no es una perspectiva exclusiva de los antiniños y por eso no deberíamos estigmatizarlos. El problema es que los proniños hoy comparten, en realidad, esta visión de los niños como cosas. Somos también los padres de ahora los que nos planteamos (o creemos que nos planteamos) la posibilidad de «tener» hijos en una misma lista con alternativas como tener un perro, hacer un doctorado o viajar a la India a meditar. Los niños son proyectos, cosas nuestras, cosas que «tendremos» o no y que elegimos (o creemos elegir) con criterios pulsionales y pragmáticos no muy distintos a los que usamos para conducir todo lo demás en nuestras vidas. Y al ser objetos de nuestra elección, creemos realmente que los niños son «nuestros». Y sentimos entonces una responsabilidad obsesiva en educarlos, en mejorarlos, en hacerlos. Confundimos, de hecho, criarlos con hacerlos. Sí, los vamos haciendo, elaborando, modelando: les inyectamos inglés, guitarra, teatro y marketing o inteligencia emocional.

Los dos bandos, antiniños y proniños, coinciden entonces en considerar a los niños como cosas. Solo que unos los ven como cosas molestas y los otros, como cosas mágicas.

# El bebé Tamagotchi

Este verano compartimos unos días con dos parejas con hijos: una, amigos de toda la vida, con chavales de edades similares a las de nuestras hijas, ya entrando en la adolescencia; la otra, también grandes amigos, pero de otra etapa de la vida, más jóvenes, que vinieron a presentar a su flamante bebé de casi dos años. Estábamos de vacaciones en un pueblo de playa, en ese tiempo suspendido que parece autorizar ciertas licencias: horarios más laxos, comidas improvisadas, noches largas, siestas erráticas, cuerpos un poco fuera de control.

Me llamó la atención, desde el principio, la manera en que la pareja más joven trataba a su bebé. No era simplemente por la diferencia de edad con los otros chicos, era otra cosa: una forma de organizar el día, de mirar al nene y de relacionarse con él que me resultaba extraña. El verano no parecía alterar en nada la lógica que regía su vida cotidiana. La siesta tenía que hacerse a la misma hora de siempre, aunque el sol cayera a plomo y la casa estuviera llena de ruido. Si tocaba dormir, se dormía. Y si la siesta coincidía con un momento perfecto para bajar a la playa, con el mar planchado y los otros chicos entrando y saliendo del agua, tampoco importaba. El horario no se negociaba con el contexto. El contexto era apenas un obstáculo.

En la playa, la escena se repetía con pequeñas variaciones. La crema se ponía y reponía con regularidad casi obsesiva. Camiseta antirrayos UVA incluso cuando el sol era benigno, sombra buscada con urgencia, retirada preventiva ante cualquier signo de exceso. El sol y el mar eran, sobre todo, amenazas. Cada movimiento estaba cuidadosamente mediado por una lógica de protección continua. Comer seguía la misma pauta: el bebé no comía cuando tenía hambre, comía cuando tocaba, siguiendo un horario tan premeditado como implacable. La composición de las papillas estaba medida al detalle: gramos de proteína, gramos de hidratos, combinaciones siempre precisas y equilibradas. Nada quedaba librado al azar, y mucho menos al cuerpo. El hambre, ese malestar primario, tampoco era una experiencia posible, sino algo que debía ser anticipado y neutralizado antes de manifestarse. No había espacio para ver qué pasaba si se retrasaba un poco la comida, si el horario se corría o si, por una vez, el menú se improvisaba.

El momento de dormirlo, ya en la casa, era cuando esa lógica se volvía más visible. Dormir al nene consistía en la ejecución de una secuencia perfectamente calibrada. Se usaba una música específica (recomendada por una *streamer* experta en neurociencia) que salía del móvil, y una serie de movimientos estudiados (balanceos, posiciones, ritmos) que se repetían no tanto ritual como robóticamente. Después, cuando por fin el bebé dormía y los adultos podíamos sentarnos a cenar, aparecía otra escena todavía más inquietante. Sobre la mesa, entre los platos y las copas, estaba el *baby call* con pantalla; una pequeña pantalla en la que se veía al nene durmiendo, filmado en la oscuridad por una cámara infrarroja. La imagen tenía esos colores espectrales de las películas de terror: un cuerpo inmóvil, respirando, observado desde arriba; una presencia fantasmática. El bebé no estaba ahí, pero estaba todo el tiempo ahí. Charlábamos, nos reíamos, bebíamos. Y, sin embargo, una parte de la atención permanecía fija en esa imagen, sin llegar a ser una preocupación angustiada; era una vigilancia leve pero constante. En un momento dado, sonó una alarma. La conversación se interrumpió un segundo. ¿Qué pasa? Nada grave: la temperatura de la habitación había subido un poco. Demasiado calor, según el sensor. Se comentó, se relativizó, se siguió comiendo.

Fue en ese contexto cuando me vino a la cabeza el Tamagotchi. Aquel juguete de los años noventa, una pequeña criatura virtual a la que había que alimentar, cuidar, hacer dormir. Uno no la tocaba nunca directamente, la veía a través de una pequeña pantalla. El Tamagotchi tenía constantes vitales, emitía señales y pedía atención. Y, sobre todo, podía «morir» si uno se equivocaba. No hacía falta maltratarlo para que muriera. Bastaba con no atenderlo correctamente. El Tamagotchi de los noventa era un juego que giraba alrededor de cierta idea de la responsabilidad; de algún modo, constituía un entrenamiento temprano en la gestión de una vida dependiente, mediada por datos y alarmas. La crianza real de hoy en día del bebé Tamagotchi supone una forma de relación en la que el cuidado también se ejerce a través de protocolos, sensores y pantallas. Pero todo esto, por supuesto, no está animado por la crueldad, sino por el amor. Un amor informado, atento y responsable. Un amor que se apoya en la ciencia, en información contrastada y en recomendaciones expertas. Un amor que no quiere equivocarse. Pero ese amor produce un efecto bizarro: la eliminación sistemática de cualquier experiencia no controlada. El bebé no pasa hambre, no pasa frío, no pasa calor, no se expone, no se frustra. Todo está pensado y ordenado para mantenerlo dentro de rangos óptimos. El bebé Tamagotchi no atraviesa el mundo, más bien el mundo es filtrado para él. No se trata solo de protegerlo, sino de optimizarlo. De asegurarse de que cada variable está bajo control, de que ningún exceso deja marca. Toda experiencia —con su dosis inevitable de desorden— es una amenaza potencial.

Al final de una de esas cenas, la pantalla seguía ahí, mostrando al bebé dormido. Los adultos hablábamos de cualquier cosa. Fuera, el verano avanzaba. Y entonces me di cuenta de que tal vez la incomodidad no venía de esa forma de crianza, sino de mi lugar frente a ella. Esa crianza no es extravagancia, sino el futuro; y yo, sencillamente, el pasado. Un grado más, solo uno, en el mismo proceso por el que hemos ido incorporando prótesis a nuestra vida cotidiana: el móvil, las pantallas como constante y ahora los sensores que vigilan el sueño, la temperatura, cada variable del cuerpo. Marshall McLuhan dijo ya en 1962 que en la era electrónica el sistema nervioso tendería a externalizarse, y quizá esto no sea más que una confirmación doméstica de esa profecía:

una crianza apoyada en la extensión técnica de la atención y del cuidado. Sospecho que, si hoy fuera padre primerizo, con estos dispositivos disponibles y esta promesa de control al alcance de la mano, también yo participaría sin demasiadas resistencias de esta lógica. Y eso es lo más inquietante.

## El truco de los padres para ganar autoridad

Al terminar el largo y duro período de vacaciones escolares, me di cuenta de que construir un relato mítico de mi propia infancia como austera y estricta es el único recurso efectivo que tengo para detener las demandas caprichosas de mis hijas. Creo que a todos los padres de ahora nos pasa algo parecido. Después de satisfacer sus caprichos, incapaces de poner límites, dejando una y otra vez que la libre elección de los niños domine la escena familiar, recurrimos a un pasado en el que supuestamente las cosas eran diferentes para hacer sentir al niño un privilegiado, y si es posible, un privilegiado culposo: «¿Sabes todo lo que tenía que hacer yo para ganarme esos regalos?», «¡En mi casa no estaba permitido quejarse, todos teníamos que colaborar o si no, mi padre nos mandaba a...!». Es como si, al haber perdido de hecho la autoridad, pretendiéramos recuperarla por derecho de herencia en una narración nostálgica más o menos verosímil.

Pero ¿es este un recurso propio de una época rendida a la infancia como la nuestra o es un truco universal, usado por los padres de todas las épocas? ¿No hacían acaso lo mismo nuestros padres con nosotros? Hace unos años leí unas declaraciones de una autoridad en el tema, el juez de menores Emilio Calatayud, en las que recurría a este tópico: «si no te comías la sopa, te merendabas la sopa, y si no te la merendabas, la sopa te la cenabas». Es probable que este recurso se use desde siempre, como si una especie de ley seudohistórica operase: toda infancia pasada fue peor y cada nueva generación de niños tiene que soportar ese sermón de sus progenitores. El padre se convierte así, por un momento, en un competidor virtuoso de su hijo: un viejo niño mejor, un hijo de la guerra, el hambre y un sinfín de otras calamidades pasadas.

Sin embargo, leyendo algo de historia, se puede ver que incluso los que no tuvimos una infancia tan dura como fingimos frente a nuestros hijos, no mentimos del todo al usar este recurso melancólico (aunque no lo sepamos). Porque la infancia como estadio privilegiado no siempre existió en Occidente. La infancia con sus derechos propios es un invento de los últimos tres siglos; no es un estadio natural, sino histórico. Fue a mediados del siglo XVIII cuando los adultos empezaron a considerarse a sí mismos como un tipo de criaturas esencialmente distintas a sus hijos. El nacimiento de la infancia con sus derechos propios (en principio, la nutrición y la educación) fue un acontecimiento esencialmente urbano que permitió separar el ámbito privado (familiar, seguro) del ámbito público (extraño, impredecible) en la modernidad europea. Es posible que nuestro intento de remitir a los niños a un pasado con menos privilegios esconda siempre el recuerdo inconsciente de esa época preurbana en la que la infancia ni siquiera existía.

Aunque lo más curioso en la historia de la génesis de la infancia es que, en cierto sentido, nuestra época parece converger lentamente con ese pasado premoderno. Porque, si en el Antiguo Régimen todos eran adultos, podríamos decir que ahora ya todos somos niños. Uno de los elementos clave en esa génesis de la niñez fue la distinción entre los juegos adultos y los juegos infantiles. Todavía en el siglo XVII los adultos se divertían con los mismos muñecos, canciones y bailes que los niños. Fue en el siglo XVIII, con la expansión de los juegos de azar y las tabernas urbanas, que se empezó a considerar que había juegos exclusivamente adultos, inconvenientes para los niños, y juegos infantiles especialmente apropiados para ellos. Pero las fronteras se están borrando de nuevo. En efecto, hoy compartimos otra vez los juegos con los niños, así como buena parte del entretenimiento narrativo: sagas interminables, universos pensados para adolescentes y héroes que regresan una y otra vez. Y, al igual que ellos, somos destinatarios de carteles con advertencias y explicaciones que preceden a casi todas las ficciones que consumimos, como si la experiencia misma necesitara ser tutelada de antemano. Quizás entonces, si nos resulta tan difícil limitar el uso del móvil, las redes sociales o los videojuegos a nuestros hijos, es porque nosotros mismos, como si fuéramos niños, tampoco somos capaces de limitárnoslo. La verdad es que todos echamos de menos algo más de autoridad.

# La literatura no educa

En lo que va del siglo XXI no han sido raros los episodios de cuestionamiento público a libros infantiles acusados de transmitir valores inapropiados. Uno de los más significativos fue el que rodeó a *75 consejos para sobrevivir en el colegio* (Alfaguara), de María Frisa, publicado originalmente en 2012 y objeto de una intensa polémica en el verano de 2016. Lo más notable de aquel episodio no estuvo tanto en la controversia en sí como en el texto de autodefensa que la autora se vio obligada a escribir sobre su obra.

El caso: un grupo reducido de personas —que en pocos días pasó de ser dos o tres voces a sumar decenas de miles— acusó a María Frisa de promover el sexismo y fomentar el acoso escolar, y reclamó a través de las redes sociales la retirada inmediata del libro. La reacción inicial fue, como era de esperar, la alarma ante la mecánica cruenta del linchamiento digital. Al mismo tiempo, el episodio permitió a muchos reafirmarse públicamente en la defensa de la libertad de expresión y ocupar la posición, siempre reconfortante, del defensor de la cultura frente a la censura. Sin embargo, lo que arroja más luz sobre nuestra sociedad y sobre nosotros, los padres bien intencionados de hoy, está en ciertas palabras que Frisa eligió usar en su defensa. Más concretamente, en una expresión suya que salta como una araña sobre los ojos del lector: «finalidad edificante». Vale la pena detenerse en la frase entera, que sintetiza bien el sentido global de la autodefensa de Frisa: «He utilizado el recurso del humor y la ironía para atrapar la atención de los lectores, pero siempre, en último término, con una finalidad edificante». Lo curioso es que la escritora no se defiende exactamente con el mismo argumento que usaron libreros, autores y editores: el sentido del humor, la ironía y lo políticamente incorrecto son partes esenciales de la ficción literaria, incluida la infantil. Según todos estos profesionales, ningún clásico (desde *La bella durmiente* hasta *Sandokán*, pasando por *Snoopy* y *El pequeño Nicolás*) superaría el examen de los actuales linchadores digitales. Una obra de ficción tiene derecho a ser irónica, humorística y, en general, políticamente incorrecta. La escritora se apoyó en este argumento, pero al ocuparse a continuación de aclarar que el sentido del humor y la ironía tienen una «finalidad edificante», la orientación de su defensa cambia totalmente. Porque tener una finalidad edificante sería el verdadero pasaporte de la escritora al perdón. Frisa confirmó con nitidez (quizá sin querer) la idea fundamental de sus acusadores, su «valor» central: la literatura infantil debe tener una finalidad edificante. Sean cuales sean sus recursos, el libro infantil debe, en último término, educar a sus lectores.

¿Es legítimo el reinado de este valor absoluto de lo edificante en la literatura? En la que consumen los adultos está bastante claro que no se presupone esta «finalidad edificante». Tanto por el lado comercial-popular del consumo de ficción como entretenimiento (escapismo), como por el lado del consumo de literatura sofisticada, como refinamiento espiritual elitista-crítico, la «intención edificante» no parece ser un imperativo tan relevante. En cambio, en el caso de los niños la cuestión es tan central como lo expresa la propia defensa elegida por Frisa: el único modo de legitimar el uso de la ironía, el humor y lo políticamente incorrecto en un libro infantil es declarar que, en realidad, todos esos recursos no tienen un valor en sí mismos (entreteniendo, haciendo reír o consternando), sino que únicamente son medios para captar la atención del lector y así cumplir su finalidad edificante. La literatura infantil sería, pues, una especie de catecismo secular. No es extraño que la literatura, cada vez más, se vea superada en la elección de los niños por otras actividades no tan sometidas al imperativo de lo edificante.

Trabajando de librero se puede ver en vivo cómo muchos padres y educadores buscan libros para niños describiéndolos directamente, sin tapujos, como si fueran meras herramientas para la educación del niño lector: «¿me recomiendas alguno para trabajar el duelo?», «¿qué cuento chulo tienes para trabajar la discriminación de género?».

Uno termina imaginando los cuentos como verdaderas pinzas y llaves con las que madres, padres o profesores agarran de la nariz o de las orejas al niño lector y, tira y afloja y ajusta, lo van formando, lo van fabricando correctamente. El imperativo de lo edificante en la literatura infantil parece otro avatar de ese fantasma que recorre nuestra era: la idea del hijo como obra.

Desde ese punto de vista, el valor fundamental de un libro para niños hoy sería darle buenos consejos al lector. Y, extremando esa mirada, se pueden ver muchos cuentos infantiles contemporáneos como si fueran en realidad libros educativos camuflados en formato de ficciones. Es el caso de los de *Caillou*, orientados a acompañar la gestión de emociones y conflictos cotidianos, o los de *Las tres mellizas*, que «trabajan guay» los celos y la curiosidad; y así sucesivamente, con cada cuento.

En 1936, el gran filósofo inglés Michael Oakeshott publicó un libro paródico de lo más inhabitual en un intelectual serio: *A Guide to the Classics or How to Pick the Derby Winner*, un manual minucioso sobre carreras de caballos, bajo cuyos consejos supuestamente el lector sería capaz de elegir el caballo ganador en el Derbi de Epsom. Por supuesto, nadie podía ganar en las carreras gracias a ese manual; el libro era una burla letal al rubro, ya entonces en ascenso, de los libros de consejos: la futura industria de la autoayuda. Y, más en general (de eso iba la filosofía de Oakeshott), se trataba de una crítica al racionalismo moderno desatado que creía poder domesticar todos los ámbitos de la existencia humana mediante reglas o consejos.

En el caso Frisa —y esto es al final lo más interesante—, el «camuflaje» entre ficción y libros de consejos se da justo al revés que en los actuales cuentos infantiles que «trabajan» la educación de los niños: *75 consejos para sobrevivir en el colegio* es, según su autora, una obra de ficción camuflada en formato de libro de consejos. Quizás el procedimiento de Frisa anticipe una época oscura, en la que todos los libros infantiles tendrán ya solo forma de libros educativos. Porque el sentido común triunfante será hasta tal punto el de «lo edificante» que no quedará más remedio que esconder la magia indomesticable de la ficción en meras listas de consejos.

# ¿Son las mascotas nuestros nuevos niños?

Cada enero, cientos de madrileños acuden a la iglesia de San Antón para que el párroco bendiga a sus mascotas. La asistencia de dueños de perros, gatos y demás animales más o menos domésticos no disminuye con los años, al igual que tampoco lo hace nuestra adoración por las mascotas. En un vídeo periodístico sobre el evento que encontré *online*, se puede ver a una señora que, mientras agarra un carrito con un niño con una mano y sostiene a un perro con la otra, dice (no se sabe si en broma) que el perro —que va vestido con un jersey, un pañuelo y un sombrero— tiene «más fondo de armario» que el nino, que le ha comprado más ropa al perro que a su hijo. ¿Por qué no? ¿Qué tiene de malo? ¿No es más o menos lo mismo tener un perro que tener un niño? ¿Somos realmente capaces de distinguir entre niños y mascotas? Para quienes no adoramos tanto a nuestras mascotas, la diferencia está clarísima: los niños son personas y las mascotas, no. Como mucho, son compañeros de juego disminuidos, juguetes naturales, queridísimos bufones. Con la misma lógica cruel con la que el filósofo Paul B. Preciado dijo un día que «el pene es un dildo de carne», podemos decir que un perro no es más que un Tamagotchi peludo.

Pero esta ya no es la visión que predomina en nuestras «avanzadas» sociedades. Más allá de los movimientos urbanos animalofílicos politizados, ideológicos (partidos animalistas, vegetarianismo, especismo, veganismo, etcétera), la evolución de nuestra relación cotidiana con las mascotas en la ciudad muestra con más claridad que cada vez las distinguimos menos de las personas. No solo existe una pujante industria de servicios (peluquerías, jugueterías, psicólogos y hasta servicios fúnebres para mascotas), sino que los animales se nos cuelan en escenas que hace años eran impensables. Basta con observar algunas situaciones cada vez más habituales en la vida urbana: parejas que, al separarse, negocian con amargura el reparto de los días que pasará cada uno con su perro; conflictos cotidianos en los que la incomodidad que provocan las mascotas se responde con un «¿y los niños, qué?». No se trata de casos excepcionales, sino de una sensibilidad extendida que tiende a equiparar ambos planos.

Lo que llama la atención, si nos alejamos un poco de nuestra época y miramos la historia de nuestra relación con los animales, es que quizás lo nuevo no sea la igualdad, sino más bien la sumisión frente a ellos. Durante la mayor parte de nuestra historia evolutiva, los animales fueron enemigos de los humanos. Es cierto que fueron también objeto de adoración, probable origen de la mayoría de las religiones, y herramientas fundamentales para nuestra supervivencia.

Sin embargo, durante miles de años los humanos estuvieron en guerra con los animales; las primeras murallas de las fortificaciones humanas no eran tanto contra otros hombres, como para mantener fuera a las fieras. Finalmente, hemos llegado a dominar completamente a los animales. Y es esta relación de «dominación» la que realmente distingue a personas y animales. Los etólogos pueden buscar la «igualdad» con algunos animales (simios o delfines, como hace el filósofo Alasdair MacIntyre) en su capacidad de comunicarse o de construir herramientas, pero los animales no son capaces de dominar (y mucho menos de «cuidar» organizadamente) a los humanos, mientras que estos sí dominan a los animales.

Son los propios humanos, al haber olvidado esta vieja relación tensa con los animales no humanos, los que se están sometiendo a ellos por obra del desarrollo de su propia civilidad, introduciéndolos en el corazón de las ciudades y dándoles una serie de cuidados y consideraciones que los animales jamás han reclamado ni pretendido.

En 1548, Étienne de La Boétie escribió su famoso *Discurso sobre la servidumbre voluntaria del hombre*, donde afirma la existencia de una profunda tendencia humana a servir y someterse a quien, en realidad, tiene mucho menos poder. Aunque La Boétie solo hablaba de las relaciones (políticas) entre los hombres, la imagen de un señor (yo mismo, sin ir más lejos) corriendo a las doce de la noche, en invierno, detrás de su perra para recoger con la mano la caca caliente que esta ha defecado en donde más le apetecía, es la ilustración perfecta para aquel opúsculo filosófico. Es extraño aceptar que la historia que nos ha llevado hasta esta masiva servidumbre voluntaria es la del «progreso moral» de la humanidad.

# II. Infancia y narración en el siglo XXI

# Tres formas de soledad

Alguna de las treinta mil veces que en estos últimos diez años volví a ver *E.T.* junto a mis hijas, me di cuenta de que esa película era la obra narrativa fundamental para toda mi generación, la de los criados en los años ochenta. Que si tuviéramos que elegir una sola obra para comprender la subjetividad de los que fuimos niños en esa época, sería la obra maestra de Spielberg de 1982. Tratando de descubrir dónde reside su magia, el por qué de su relevancia histórica (fue la película más taquillera de la historia del cine hasta 1993), *E.T.* se me apareció como el centro de un canon en el que también brillan otras películas fundamentales de esos años como *Los Goonies* (1985) o *Karate Kid* (1984). ¿Qué tienen en común? ¿Dónde está su encanto especial, su marca de época?

Como todo el mundo sabe, los hijos de padres separados son más listos que los demás niños. Sí, parecen más inteligentes, pero también más tristes. O no exactamente. Quizás transmiten, justamente, una extraña e irresistible mezcla de inteligencia y tristeza: la tristeza propia de saber demasiado y de cargar con la astucia que se necesita para moverse en un mundo en inevitable tensión. Con ese encanto singular, los hijos de padres separados se convirtieron en los protagonistas de las narraciones más influyentes. Esa sensibilidad melancólica es lo que estas películas pusieron en el centro de nuestra formación, convirtiendo al hijo de padres separados en nuestro héroe, en el héroe infantil que nos formaba. No es difícil ensayar una fundamentación filosófica para este fenómeno: los hijos de padres separados adquieren antes que los demás niños algo que podríamos llamar «el aprendizaje de la negatividad», el saber que las cosas pueden no funcionar y que a menudo no funcionan. Que las promesas pueden romperse y que están solos, porque solos van de la casa de la madre a la del padre y viceversa. Esa soledad es también una forma de independencia, de ahí la capacidad de vivir aventuras que explotaron todas esas películas. Este «ser más listos e independientes», no supone ser más felices ni mejores; solamente saber más, con todo lo que eso puede tener de malo y fragilizador. Así los retratan los clásicos de los ochenta: tímidos, con una mirada tangencial, no son nunca «el niño más popular», pero tienen un gran sentido de la lealtad y cultivan la amistad como alternativa a la familia; buscan y encuentran la aventura justo fuera del hogar, aunque no muy lejos, en esas fallas que el estatus de hijos de separados les provee: los adultos tienen menos control sobre ellos porque esos adultos suelen ser madres solas y desbordadas y padres de «vínculo telefónico». En esos intersticios de soledad y libertad pueden experimentar[1].

No digo que todos los niños de esa época fueran hijos de separados ni que quisieran serlo, pero sí que, como espectadores, todos abrazamos a hijos de separados como nuestros héroes. Y que era la mirada del hijo de separados, su manera de estar en el mundo, la que nos interpeló de forma masiva. Quizás la primera oda popular a esta figura fuera «Hey Jude» de los Beatles. Esa canción, de 1968, está compuesta y dedicada por Paul McCartney a Julian, el hijo de

1 Creo que la serie *Stranger Things* es un intento fallido de evocar la potencia de aquellas películas, justamente porque su recreación de época es muy superficial: está centrada en el modo de vestir, la arquitectura, las bicicletas, los automóviles o el aspecto más o menos *freak* de los protagonistas. Se han dado otros intentos cinematográficos contemporáneos más profundos (aunque no muy masivos) que sí recuperan la potencia poética del protagonista hijo de separados: destacaría sobre todo *Boyhood* (2014), de Richard Linklater, y *La guerra de los mundos* (2005) del propio Spielberg.

John Lennon y su primera mujer, Cynthia, cuando estos se acababan de separar. Era, en realidad, «Hey *Jules*» y debía servir para consolar a Julian, a quien Paul veía muy triste. Toda la letra es un himno a esa sensibilidad herida y tierna que constituiría nuestra subjetividad: «Hey Jude, don't make it bad, take a sad song and make it better». *Toma una canción triste y hazla mejor*. Eso es lo que hacen todos los niños nacidos en las familias (más o menos) falladas del mundo posterior a la Segunda Guerra Mundial: «Don't carry the world upon your shoulders». No cargues con la culpa, no te hagas cargo de la tristeza de la canción que recibiste, busca la amistad y la aventura; «take a sad song and make it better».

¿Revelará alguna clave de la historia social, económica, política de la época esta centralidad cultural del hijo de separados?

## El héroe huérfano

Solo podemos entender la particular épica de estas narraciones de aventuras juveniles, donde el protagonista es el hijo de padres separados, si la pensamos en perspectiva histórica, en comparación con una épica infantil anterior, de la cual es heredera y, en cierto sentido, una evolución. El hijo de padres separados no tiene relevancia alguna en la gran literatura de finales de la segunda mitad del siglo XIX, que nutrió la imaginación de los niños hasta, por lo menos, mediados del siglo XX. En las obras de Dickens o Twain, en *Las aventuras de Oliver Twist* o en *Las aventuras de Tom Sawyer*, por fijar unos paradigmas, el héroe es el niño huérfano; la mirada y la épica que atraían la atención y emocionaban a los niños lectores de entonces eran las del niño sin familia, el niño que no tiene nada y lucha por sobrevivir y ser alguien. Es notable cómo —a partir ya del primer libro de Twain con sus famosos protagonistas niños— el que no estaba destinado a ser protagonista, Huckleberry Finn, se acabó convirtiendo en el personaje más popular, y Tom Sawyer, el menos desamparado de los dos, acabó siendo poco más que una representación del propio lector de los libros de Twain que admiraba sobre todo a Huck, al niño huérfano[2]. Lo que Tom

2 Es cierto que, en verdad, el más huérfano de los dos era Tom Sawyer: el padre de Huck, el borracho del pueblo, estaba vivo, mientras que Tom no tenía padres. Pero, como tipo de personaje, el «más huérfano» de los dos era Huck, puesto que no tenía un hogar, no tenía quién lo cuidara (ni quién lo educara ni disciplinara), mientras que Tom vivía con su tía Polly, que cumplía

admiraba en Huck (lo que nosotros admiramos) era su fuerza, su valentía, su libertad.

Si tomamos al Elliot de *E.T.* como centro del canon dominado por el hijo de separados, hay que elegir a Oliver Twist como centro del canon de la época dominada por el héroe huérfano. Dickens no le hace cargar al «pobre» Oliver con el mundo sobre sus hombros, pero sí que a través de sus páginas muestra las tragedias sociales que estaba produciendo la Revolución Industrial. No hay alegato más duro y conmovedor que las primeras cincuenta páginas de *Las aventuras de Oliver Twist* contra la sociedad que se estaba modelando en la fragua del capitalismo industrial salvaje[3]. La crueldad sin freno de todos

---

claras funciones maternales. El desarraigado atractivo de Huck, que empezó como personaje secundario en la primera novela de la saga (*Las aventuras de Tom Sawyer*, de 1876), lo convirtió en el protagonista indiscutible de la segunda entrega, *Las aventuras de Huckleberry Finn*, de 1884. La importancia histórica de este segundo libro y de la figura del héroe huérfano se pueden calibrar en estas palabras de Ernest Hemingway: «Toda la literatura moderna estadounidense procede de este libro. Nada hubo antes. Nada tan bueno ha habido después».

3 Como muestra vale la descripción que hace Dickens de la salida de «the poor Oliver» del hospicio donde pasa su primera niñez: «Con el pedazo de pan en la mano y la pequeña gorra parda de la parroquia puesta en la cabeza, Oliver fue conducido por el señor Bumble lejos de aquel miserable hogar donde ni una

los adultos con los huérfanos marca la quiebra del hogar rural del Antiguo Régimen y el nacimiento y desamparo material propio de la niñez moderna, urbana. Es curioso, en este sentido, que muchas de las obras de Dickens protagonizadas parcial o totalmente por niños (*Oliver Twist*, *David Copperfield*, *Tiempos difíciles*, *Grandes esperanzas*, *La pequeña Dorrit*), al mismo tiempo que critican la ideología utilitaria que pretendía ligar un sistema educativo disciplinario con el sano desarrollo del capitalismo, son un canto al «hombre hecho a sí mismo», a la forja de un carácter individual que, desde la situación más precaria, logra sobrevivir y crecer, hacerse fuerte y finalmente, incluso, formar un hogar.

En este sentido, se puede decir que el trayecto del héroe huérfano parte del desamparo total y transita hacia la construcción de un hogar, mientras que el héroe «hijo de separados» nace en «el» hogar y su trayecto es hacia fuera de él. Si los desastres

---

palabra amable ni una sola mirada de afecto habían iluminado la penumbra de sus primeros años. Y, sin embargo, estalló en un dolor infantil cuando la verja se cerró a su espalda. Por desgraciados que fueran los pequeños compañeros de infortunio que dejaba atrás, eran los únicos amigos que había conocido; y por primera vez la conciencia de su soledad en el ancho mundo se hundió en el corazón del niño».

de la Revolución Industrial dejaron el desafío de la formación del estado de bienestar, y ese es el camino de los héroes huérfanos, una vez que el estado de bienestar funcionó, se ampliaron las libertades individuales hasta el punto de que aparece el «lujo» del divorcio como una opción social masiva. Para entender hasta qué punto era un lujo, sirven las muchas páginas que el propio Dickens dedicó en *Tiempos difíciles* a explicar por qué, a finales del siglo XIX, divorciarse era un calvario burocrático y económico tan pero tan grande que solo estaba al alcance de los muy poderosos. Esteban Blackpool, uno de los personajes centrales de *Tiempos difíciles*, era un obrero que quería separarse de su mujer y, como cruelmente muestra la novela, no podía hacerlo, no había fórmula jurídica ni económica a su alcance. Más allá de las legislaciones y de las trabas burocráticas y dinerarias del siglo XIX, la evolución siguió siendo lenta durante la primera mitad del XX, pero desde 1950, con la expansión del estado social de bienestar, las separaciones y los divorcios (donde había leyes) aumentaron sin cesar.

No es extraño que se produjera entonces, a partir de 1950, esta centralización del hijo de separados en el canon cultural, que los Beatles le cantaran y que Spielberg (un narrador tan importante para el siglo XX como lo fue Dickens para el XIX) lo eligiera como héroe[4]. Frente al desamparo material que vivía el héroe huérfano, el héroe hijo de separados tiene más bien un desamparo afectivo, porque el material parece haber sido más o menos «cancelado» por la creación del hogar urbano y cosmopolita moderno. La libertad individual que se expande gracias al bienestar social permite por primera vez la masificación del divorcio, pero tiene como reverso la falla en la propia comunidad familiar, que facilita la inteligente y triste individualización temprana de los niños y la necesidad de aventura fuera del hogar. La sociedad había cambiado; el niño también; la literatura también.

¿Y hoy en día? ¿Seguimos bajo el paradigma del hijo de padres separados?

4 De hecho, la primera inspiración de Spielberg para la creación de *E.T.* fue su propia experiencia: cuando sus padres se separaron, el pequeño Steven se inventó un amigo extraterrestre que acompañó su tristeza. Ya en 1978, Spielberg anunció la realización de un filme basado en esta experiencia que se llamaría *Growing Up*. Entonces no pudo realizarlo, pero años después se convirtió en *E.T.* Si bien la memoria colectiva quedaría fijada en el extraterrestre como centro de la película, en la cabeza de su creador el tema era la infancia de un hijo de padres separados y su sensibilidad propia.

## El hijo de inútiles

Diría que desde 1990 aproximadamente, creo que más o menos a la altura del éxito de *Los Simpson*, se inaugura un tercer período que podríamos llamar el del héroe infantil hijo de inútiles. Quizás otro de sus hitos inaugurales sea la famosa película protagonizada por Macaulay Culkin, *Solo en casa,* donde por la torpeza de sus padres un niño se queda solo en la casa cuando la familia se va de vacaciones, y logra sobrevivir y triunfar en su lucha contra unos ladrones que entran a robar. Aparece ya en esa película una reivindicación sarcástica del héroe infantil cuyos padres son torpes y que resulta ser mucho más hábil que la mayoría de los adultos que pueblan la película. El niño está solo en casa, no porque sea huérfano, sino porque la estupidez de sus padres lo deja solo.

Pocos años después de estos primeros ejemplos, ya entrando en el siglo XXI, la nueva representación del protagonista niño como hijo de inútiles se volvió hegemónica. Si nos detenemos en las narraciones infantiles y juveniles más masivas de la época que no son ya ni libros (como *Oliver Twist*) ni películas (como *E.T.),* sino series de dibujos animados, como los ya mencionados *The Simpsons* o *Peppa Pig*,

*Gumball, South Park, Family Guy, Clarence* (la lista podría crecer), vemos que en todas hay un hogar formado por niños que son mucho más inteligentes que sus padres; o de padres que parecen ser tan infantiles como sus hijos. Desde Homer Simpson, pasando por Papá Pig, hasta Peter Griffin, todos los padres de los protagonistas niños son mucho más torpes e inútiles que los propios hijos[5]. No son estos padres un apoyo seguro y estable para estar en el mundo ni una guía para aprender cómo funciona. Son, más bien, unos fracasados, unos perdedores, fuente interminable de una mezcla de comicidad y depresión[6]. Pero, otra vez (como en el caso de los hijos de separados del período

5 Como paradigma de este tipo de padre, podemos tomar la definición que hace Wikipedia de Richard Watterson, el padre de familia de la serie *Gumball*: «Es un conejo rosa gordo y holgazán, tiene 43 años. Su comportamiento es pueril y aparentemente carece de la inteligencia que debería tener al ser un adulto. Por lo general, pasa todo su tiempo viendo la televisión, durmiendo, sin ropa y jugando a videojuegos. En ocasiones, ni siquiera se molesta en vestirse, ya que prefiere estar en ropa interior. Tiene un gran apetito y es un glotón. Odia trabajar y hacer otras tareas».

6 Dejo para otro ensayo la cuestión de género, las diferencias entre padres y madres, que suelen ser notables en las series de esta época: si bien las madres no son tampoco ejemplos de una gran lucidez (suelen ser presa de ataques de histeria o de grandes odios o enamoramientos), tanto Marge Simpson, como Mamá Pig, Lois Griffin o Nicole Watterson son las responsables de mantener cierta cordura, orden y sostén material en sus hogares.

anterior), sin épica, sin la lucha por la supervivencia que retratara Dickens. Es como si los padres ya no sirvieran para enseñarle nada a los hijos, no como ejemplo, no explícitamente, porque el mundo en el que viven (y seguramente la velocidad del cambio tecnológico influya) es manejado con más habilidad por los hijos que por los padres[7].

En el tipo de soledad del héroe niño de hoy frente a sus padres torpes, destaca la burla a la meritocracia o, mejor, un desenmascaramiento de que esta ya no funciona, de que los que supuestamente saben mucho y pueden enseñar a los niños, en realidad, no saben nada, están a merced de los mecanismos sociales y presos de sus caprichos individuales estúpidos y nada productivos. Si el huérfano era un héroe luchador, y el hijo de separados era un héroe tímido, el hijo de padres inútiles es un héroe irónico. Creo que el extremismo ironista de todas estas series no es casual, tampoco una moda superficial, sino que

7 Aunque no sea tan relevante como la propia serie, el argumento del largometraje de *The Simpsons*, de 2007, es una buena muestra de este modelo: es el capricho y la torpeza de Homer, el padre, lo que desata un desastre ecológico de dimensiones catastróficas en su pueblo, Springfield, y es la intervención de los hijos la que permite la restitución del propio Homer (que llega a aparecer al principio casi como un malvado) y la salvación del pueblo.

es una respuesta al tipo de familia de la época. La falta de ejemplaridad en el mundo adulto, la falta de modelos sólidos a los que aferrarse produce en los niños un sentimiento de precariedad y desorientación que las series han reflejado convirtiendo a los padres en fuente de comicidad y mofa más que de orden, cuidado y contención. La ironía, como la definió Richard Rorty precisamente a mediados de los años noventa, es la «conciencia de la propia contingencia», y los protagonistas niños de hoy, como buenos héroes irónicos, intentan salvar piadosamente la inoperancia de los padres convirtiéndolos en bromas andantes. Si ya no pueden ser buenos padres, que sean al menos buenos chistes.

* * *

A veces, releyendo *Donde viven los monstruos* —el famoso álbum ilustrado de Maurice Sendak, de 1963, en el que un niño se escapa por un rato a una isla misteriosa donde vive lo salvaje—, pienso que toda la historia de la literatura infantil se podría resumir en una línea, en un argumento de una sola línea: *un niño que huye*. Si en la idea de «un niño que huye» ya está dado todo lo que hace falta para una buena aventura que nos distraiga y nos cure un rato de los males de este mundo, sabemos que el héroe huérfano, el hijo de separados y el hijo de inútiles representan tres formas de crecer, tres formas de irse, tres formas de soledad. Pero si el niño huérfano huía hacia un hogar (hacia la construcción de un hogar) y el hijo de separados huía del hogar, ¿hacia dónde está huyendo, ahora mismo, nuestro hijo, el hijo de inútiles?

# Babar republicano, Elmer liberal

¿Se acuerda todavía alguien del elefante Babar?

A principios de los años ochenta, aún era uno de los personajes más populares de la literatura infantil; hoy en día, es difícil encontrar algún niño que lo conozca. Releyéndolos treinta años después, me doy cuenta de que los libros de Babar fueron mi educación ética fundamental. Suena rimbombante e injusto esto de la «educación ética» siendo Babar lo menos rimbombante que hay, pero es lo que me pasa. Sea cual sea el esponjoso referente de una expresión como «educación ética», es algo que ha cambiado definitivamente entre mi infancia y la de mis hijas. Y la relectura de Babar lo muestra de manera descarnada.

Babar es, además de hermoso, irreparablemente *vintage*. Es parte de una educación pasada de moda, vetusta, un poco vergonzosa incluso.

Fue gracias a la lindísima edición de *Babar. Todas las historias* de la editorial Blackie Books que tuve la oportunidad de releer la historia del rey de los elefantes y vivir un rato en esa ciudad colorida, alegre y sofisticada que es Villa Celeste, y en ese hogar tierno pero nunca exento de peligros y épica que es la casa de Babar, Celeste, sus hijos Pom, Flora y Alexandre, el primo Arthur, el mono Zefir y, por supuesto, la anciana dama, esa especie de hada madrina o diosa Atenea, símbolo vivo de la civilización.

Al reencontrarme con las historias de Babar, me asaltó esta idea: los que nacimos en los setenta y fuimos educados en hogares progresistas y pretendidamente sofisticados recibimos todavía, junto al incipiente liberalismo individualista que hoy nos atraviesa, una carga enorme de amor a la Ilustración, a la civilización europea, y una presencia (aunque fuera oral) de la muerte y el lado oscuro de la vida: la tragedia, la guerra, los exilios. Ahora, en la educación que damos a nuestros hijos también a través de los álbumes ilustrados, hay cosas importantes que por entonces no estaban en el foco: el ecologismo, el feminismo y, sobre todo, el respeto a las diferencias, la exaltación de la libertad de ser diferente y único. El elefante Elmer, personaje estrella del dibujante británico David McKee, es una buena representación de la ensalada educativa contemporánea. Mientras que nuestros papás nos dieron Babar, nosotros damos Elmer a nuestros hijos[8].

Me gustaría ser capaz de mostrar algo de la distancia que veo entre Babar y Elmer; hacer visible el hilo que va del reinado de un elefante al reinado de otro en la historia de la literatura infantil, y lo que ha ocurrido social y culturalmente en el medio. En algunos momentos, dándole vueltas a la comparación en la cabeza, intuyendo que daba para un ensayo larguísimo que nunca tendría tiempo de escribir, llegué a creer que se podría establecer una analogía en la que Babar representaría una educación en el liberalismo republicano y Elmer, el triunfo (¿gris o multicolor?) del liberalismo individualista. Un liberalismo individualista que puede ser consumido hoy tanto por

8 El único libro de mi colección de Babar de cuando era chico que conservo en Madrid es de 1979, de la colección Pequeño Sol, de Ediciones Librerías Fausto de Buenos Aires. Veo en la contratapa que Fausto también editaba por esa época *El mago y el hechicero* y *El mago que perdió su magia*, de David McKee. Esta convivencia de las obras de los de Brunhoff y de McKee en un mismo catálogo infantil a finales de los setenta podría impugnar de entrada mi hipótesis. Pero creo que solo habla de que toda generación está en tránsito y que nosotros, en aquella época, empezábamos a recibir un poco de lo que posteriormente daríamos: ese tipo de libro psicodélico, psicológicamente simple y fuertemente libertario que es Elmer y que McKee cultiva, en general, en su obra, como intentaré mostrar aquí.

los hijos de un emprendedor, yuppie, aspirante a CEO, como por los hijos de posthippies veganudos, ecologistas y feministas. ¿Podré llenar de contenido y defender esta analogía aventurada? Veamos.

## Babar, el republicano

Jean de Brunhoff no fue el creador original del elefante Babar: era su mujer Cécile la que solía contar a sus dos hijos, Laurent y Mathieu, la historia de un elefantito que, tras presenciar el asesinato de su madre por un cazador furtivo, se había escapado a la ciudad humana, donde una señora lo había adoptado, vestido, alimentado e instruido para, finalmente, volver a la selva virgen cargado de conocimientos y convertirse en el rey de los elefantes.

Mirando a Babar como una creación familiar, es irresistible imaginar el hogar de los de Brunhoff por la época en la que nació el personaje, entre 1930 y 1931. El peligroso y tenso París de entreguerras, una casa burguesa y bohemia al mismo tiempo, y también divertida, tierna, creativa. Cécile, la pianista, entre ensayo y ensayo, inventa un cuento para sus hijos, y a su marido Jean, el pintor —mientras descansa en la habitación donde trabaja—, se le ocurre llevar la historia de Babar al papel y convertirlo en un libro para uso familiar. Un álbum ilustrado que, cuando se publicó (a expensas de su hermano y su cuñado, también artistas y hombres de letras), fue un éxito, y ya en 1939, el año en que el peligro y la tensión eclosionaron en guerra, había vendido en Francia más de cuatro millones de ejemplares. Una saga espontánea, casera, artesanal, de seis historias ilustradas a todo color que, con el paso de los años, se convertiría en un clásico universal de la literatura infantil.

Pero ¿por qué Babar es imposible en nuestra época?, ¿por qué escribí unos párrafos atrás (seguramente en un exceso de lirismo conceptual) que Babar es hoy «irreparablemente *vintage*»? Intentaré describir las características brillantes y, a la vez, incorrectas que nos alejan de él. Jean fue diagnosticado de tuberculosis en 1930 y, entre 1931 y 1937, escribió e ilustró para sus dos hijos los seis libros de Babar. Murió en octubre de ese 1937, con apenas treinta y nueve años. Las historias tienen un innegable tono de legado paterno, de compendio de enseñanzas fundamentales, de transmisión desesperada y esperanzada de un modo de estar en el mundo que el contexto político amenazaba con impugnar. Un modo de ser sensato, familiero, culto y solidario. El acecho de la muerte y la desgracia se desliza en este legado de una forma que lo hace difícil de digerir para el padre actual.

El orden de las historias escritas por Jean (siguiendo como patrón las primeras ediciones de Hachette) es el siguiente: *Historia de Babar, el pequeño elefante* (1931), *El viaje de Babar* (1932), *El rey Babar* (1933), *Las vacaciones de Zefir* (1936), *Babar en familia* (1938) y *Babar y Papá Noel* (1941)[9]. Los tres primeros y el quinto conforman una unidad narrativa, una misma historia. El cuarto y el sexto, *Las vacaciones de Zefir*[10] y *Babar y Papá Noel*, son

9 Más tarde, su hijo Laurent, también dibujante, seguiría la saga escribiendo e ilustrando casi una decena de libros más de Babar que, al menos en la colección que yo leía, venían mezclados con las historias clásicas que, por otra parte, nunca se editaban enteras, sino que se dividían en muchas historias cortas. «Babar y el cocodrilo», por ejemplo, es una miniatura narrativa extraída del atribulado *Babar en familia*. Está claro que la continuación de la saga por Laurent la mantuvo vigente y famosa hasta los años ochenta, y le dio vitalidad y fuerza a su inserción en Estados Unidos, fundamental para la difusión mundial del fenómeno. Aun así, los libros de Jean son inconfundibles y de otra calidad, sobre todo, en el trazo, más fino y preciso, y en la libertad narrativa.

10 *Las vacaciones de Zefir* es una especie de respiro narrativo después de *El rey Babar*. Más allá de la gracia increíble de la ciudad

historias aparte, totalmente independientes y subsidiarias de la trama central, que se desarrolla con los hitos biográficos de Babar como núcleo. Esta trama central es lo que va del asesinato de la madre de Babar, en la tercera página del primer libro, hasta la fundación de Villa Celeste, la ciudad de los elefantes, y la formación de una familia por parte de Babar, pasando por su educación primigenia en la gran ciudad gracias a la anciana dama, su vuelta a la selva virgen cargado de conocimientos y su coronación como el más joven rey de los elefantes. Creo que se pueden distinguir tres etapas en este ciclo, que corresponden a tres rasgos fundamentales de Babar como héroe irreparablemente *vintage*: Babar huérfano, Babar fundador y Babar padre.

---

de los monos (la idea misma, claramente inventada sobre la marcha por Jean, de que así como había una *polis* de elefantes también podía haber una de monos), este álbum es interesante por una curiosidad: en la parte exótica de su desarrollo, Zefir aparece atrapado en unas tierras muy extrañas al borde de un mar con unos monstruos que parecen arquetipos, antepasados, de los famosísimos monstruos que dibujaría casi treinta años después Maurice Sendak para *Donde viven los monstruos* (1963). Parece claro que Sendak quiso hacer un homenaje gráfico a su admirado Jean de Brunhoff. La edición de Babar de Blackie Books incluye, precisamente, un prólogo muy interesante y emotivo que Sendak escribió en 1981 para la edición norteamericana conmemorativa de los cincuenta años de Babar.

El momento «Babar huérfano» se desarrolla, sobre todo, en el primer libro, y muestra ya con claridad el carácter central pero complejo (tenso) de la civilización en la cabeza de Jean de Brunhoff. De entrada, la civilización humana hace una irrupción brutal con el asesinato de la madre de Babar delante de su bebé por obra de un cazador. Recuerdo muy bien la impresión que me causaba esa escena a los cinco años; tengo grabada la imagen fría del cazador petiso, anodino, que dispara, cobardemente escondido, a la mamá elefanta y corre para intentar atrapar a Babar. La cultura humana aparece primero en forma de una gran violencia que destruye el paraíso natural. En este primer movimiento, De Brunhoff se acerca a la idea de la sociedad como corrompedora del idílico estado de naturaleza; la idea de Rousseau de la que emanarían, al fin y al cabo, el ecologismo y, en general, todas las pequeñas ideologías críticas de la modernidad o críticas de Occidente que constituyen nuestra ética actual. Pero, inmediatamente después, Babar huye del cazador, no a la selva, sino a la ciudad, donde es rescatado de la miseria y la desnudez por la anciana dama, que lo alimenta, lo viste, lo cuida, le proporciona los mejores profesores y le abre la puerta al disfrute del arte y de todas las sofisticaciones de la civilización humana. En el tono simple, alegre e intenso con el que De Brunhoff nos hace testigos del goce y la felicidad con los que Babar se cultiva, se revela su veneración por la civilización europea en peligro.

La parábola de «Babar fundador» comienza ya en *Historia de Babar,* se desarrolla en *El viaje de Babar* y se consuma en *El rey Babar*, con la fundación de Villa Celeste. Pero el proceso por el que el elefante huérfano llega a ser un fundador también responde a una doble mirada a la civilización. Porque al final de su accidentado viaje de bodas, después de los más tremendos avatares (incluyendo naufragios y raptos por caníbales), Celeste y Babar son sometidos por los hombres como elefantes de circo, mostrando otra vez la cara opresora y cruel de la civilización humana. Luego, los vuelve a rescatar la anciana y vuelven a ser mecidos por la parte noble de la civilización. Al regresar a la selva Babar decide fundar Villa Celeste. De algún modo, después de este segundo paso por la gran ciudad humana, sube el «escalón republicano»: comparte de verdad con todos los elefantes los beneficios de la civilización; no usa su educación solo para sostener su lugar jerárquico de rey, sino para mejorar la vida de todos sus congéneres fundando una ciudad magnífica. En mi opinión, este libro, *El rey Babar,* contiene las imágenes más inolvidables, más importantes de Babar. Mi preferida es esa en la que, con su traje verde y su corona, en medio de la sabana, trepado a un cajón —y elevado así sobre la muchedumbre de elefantes que lo rodean entre cajas y baúles con rótulos que dicen «discos», «sombreros», «trompetas», «herramientas», «vestidos»—, Babar se dirige a la multitud:

> Amigos míos, en estos baúles, paquetes y sacos hay regalos para todos vosotros: vestidos, sombreros, telas, cajas de pinturas, tambores, cañas de pescar, penachos, plumas, raquetas y muchas cosas más. Os daré todo esto en cuanto hayamos terminado de levantar nuestra ciudad. Os propongo llamar a esta ciudad, la ciudad de los elefantes, Ciudad Celeste, en honor de nuestra reina.

Quizás en esa especie de comercio, por el cual Babar ofrece un intercambio a los elefantes (su trabajo para construir la ciudad a cambio de la civilización, con todos sus fascinantes objetos manufacturados), está la razón que explica que algún intérprete, como la investigadora británica Jane Doonan, trate a Babar de «elefante emprendedor»[11]. Creo que ya la condición de huérfano y fundador de una civilización lo emparenta mucho más con Rómulo y Remo[12] y con el príncipe fundador hegeliano o schmittiano[13] que con

11 Jane Doonan, «El libro-álbum moderno», en *El libro-álbum: invención y evolución de un género para niños*, Caracas, Banco del Libro, 1999, pp. 35-57.

12 Más que como símbolo del imperio, como sugiere Ariel Dorfman en *De elefantes, literatura y miedo: ensayos sobre la comunicación americana* (Casa de las Américas, 1988), la anciana dama se me aparece como un análogo de la loba que alimentó a Rómulo y Remo. Pero los papeles de naturaleza y cultura estarían invertidos en la parábola de «Babar fundador»: no se trataría ya de huérfanos humanos amamantados y adoptados por un animal, sino de un animal huérfano adoptado y cultivado por una persona humana, por la figura misma de la cultura. Sin duda, al pensar en el carácter de huérfano fundador de una civilización, es muy difícil no relacionar a Babar con Rómulo y Remo.

13 Más adelante haré referencia otra vez a la tentadora posibilidad de leer a Babar a través de la óptica de Hegel y Carl Schmitt como críticos del liberalismo. Esta posibilidad fue (a sabiendas o no) muy bien explotada por Alan Bunce, director del primer largometraje con Babar como protagonista, *Le triomphe de Babar* (1990). En esta película se desarrolla en clave de sátira la típica crítica del decisionismo schmittiano al parlamentarismo. La desopilante incapacidad de Cornelius y los demás sabios para tomar una decisión y su tendencia compulsiva a «formar comisiones» (en lugar de declarar la guerra a los malvados rinocerontes que los acechan, como acabará «decidiendo» Babar) es una de las mejores ilustraciones que conozco de la idea nuclear de Schmitt de que el liberalismo es, básicamente, una «metafísica de la indecisión».

el emprendedor comercial. No creo que sea atinado ver en Babar a un anticapitalista, pero sí es cierto que su noción del bienestar social tiene mucho más que ver con la educación y el orden público que con el emprendimiento comercial. Mucho más que un capitalista, Babar es un civilizador. La riqueza material se da, de algún modo, por sentada; la idea que transmite Babar es que en la ciudad se vive mucho mejor que en la selva. Que vestirse es lindo y bueno, que saber leer, contar, tener un oficio, tocar instrumentos musicales, tomar el té con amigos, ir a la ópera y al teatro, celebrar fiestas, jugar al tenis o practicar el esquí son grandes privilegios, mucho más valiosos que la mera desnudez y la libertad natural de la selva virgen.

Finalmente, el momento «Babar padre» ocupa, sobre todo, *Babar en familia* (y de un modo más lateral, el fascinante álbum de despedida, *Babar y Papá Noel*), y supone el elogio de Jean de Brunhoff a la calidez de la vida familiar, a la épica de la intimidad, de la historia personal, más que de la vida política con la que tenían más que ver los libros anteriores. La cantidad de peripecias que rozan la tragedia que viven Babar y sus hijos (el atragantamiento de Flora con el sonajero, el despeñamiento del cochecito de Alexandre o el ataque del cocodrilo a Alexandre) muestra cómo el peligro es parte de la vida y la muerte es inevitable, pero aun así hay que vivir lo mejor que se pueda, con esperanza y con elegancia, y nunca dejarse vencer por el pesimismo. «Criar hijos es difícil, pero son tan bonitos que ya no podría vivir sin ellos» es la sencilla conclusión de este álbum también inolvidable.

## El libro-álbum como herramienta ideológica

El álbum ilustrado infantil siempre ha tenido un uso educativo bastante explícito. Ya en 1657, el checo Jan Amos Komenský (Comenius), refiriéndose a su *Orbis Pictus*, probablemente el primer libro ilustrado infantil de la historia, decía que el objetivo era que ir a la escuela no les pareciera a los niños un tormento, y como era obvio que los niños se «deleitan con las ilustraciones», bien valía la pena crear una obra que lograse «ahuyentar los espantapájaros de los Jardines de la Sabiduría»[14].

14 Citado por Kenneth Marantz, «Con estas luces», en *El libro-álbum: invención y evolución de un género para niños*, pp. 7-12.

Hacer que los niños aprendan de un modo que los deleite ha sido (y sigue siendo) el cometido del libro-álbum, pero también, en algunos puntos de la historia, adoctrinar. Fueron dos los momentos más explícitos y claros de adoctrinamiento mediante el libro ilustrado, y los dos dieron lugar a tradiciones fabulosas. La primera fue en la Gran Bretaña y la Norteamérica victorianas, a partir de la década de 1820, época en la que muchísimos niños aprendieron a leer al mismo tiempo que fueron instruidos en religión y buenas costumbres a través de libros ilustrados. Y la segunda fue la del libro infantil soviético, desarrollado cien años después, en la década de 1920. La nueva nación estaba formada por una mezcla de animistas, anarquistas, rusos ortodoxos, musulmanes y judíos creyentes que los bolcheviques necesitaban transformar para crear la nueva cultura atea, considerada imprescindible para que la revolución progresara. Los libros ilustrados infantiles cumplieron un papel importante en la creación de esta cultura y, posteriormente, tuvieron una gran influencia estilística y técnica en el resto del mundo.

Hoy en día, en nuestras democracias de mercado, ya no hay un movimiento explícitamente adoctrinador que use los libros ilustrados infantiles como medio, pero se utilizan cotidianamente como herramientas educativas. Los maestros acuden a las librerías en busca de libros para «trabajar» diversos aspectos educativos. No solo para enseñar materias sesudas y aburridas gracias al deleite de las ilustraciones, como decía Comenius, sino también para educar en «valores» (amistad, tolerancia, soledad, tristeza, celos, o simplemente «emociones»). Así, se suelen elaborar listas de libros recomendados por las escuelas para los padres, para que «trabajen» con sus hijos. Es en esas listas donde ya nunca, jamás, aparece Babar y siempre, siempre, aparece Elmer.

## Elmer, el liberal

En casi todas las entrevistas y los artículos en los que habla de su formación, de cómo llegó a convertirse en autor de libros infantiles ilustrados, David McKee, el creador de Elmer, cuenta la misma anécdota:

> Al finalizar la escuela, cuando ya era hora de tener un empleo, tuve que trabajar con mi padre. Él tenía

> dos semanas de vacaciones al año, mientras que en la escuela me daban vacaciones de tres meses. Pude darme cuenta, incluso a esa temprana edad, de que eso significaba un escalón atrás y que, de alguna manera, tenía que mantener esos tres meses de vacaciones. La única forma era quedándome en la escuela. Por eso pasé los siguientes seis años en la Escuela de Arte y, cuando los terminé, pude concluir que existía algo mejor que «tres de doce», por lo que debía pasar los doce meses del año de vacaciones y olvidarme del trabajo por completo. Y de hecho, eso fue lo que hice[15].

Este espíritu «vacacional» está presente y es el hilo más o menos implícito en todas las obras de McKee. No se trata de una apología de la pereza, sino más bien de una exaltación de la libertad individual, del amor por los espacios en los que nadie obliga a nada y se puede jugar y crear, como si se estuviera de vacaciones. Para McKee, todo lo sagrado es lo que sucede en ese espacio de libertad del sujeto no intervenido por poderes exteriores.

15 «El libro-álbum como medio», en *El libro-álbum: invención y evolución de un género para niños*, pp. 141-147.

McKee nació en 1935 y su carrera como dibujante explotó en los años setenta. Pertenece a una generación (junto con Maurice Sendak, Tony Ross, Eric Carle o Satoshi Kitamura, entre otros) de clásicos modernos del libro-álbum que incorporan en su estilo el colorido onírico de la psicodelia y de otras vanguardias artísticas, sin descuidar la concisión narrativa y el poder simbólico de las historias que cuentan. Ese amor de McKee por el espacio de la libertad individual sin interferencias se ha traducido, en muchos de sus álbumes, en mensajes a favor de la cooperación (*Tres monstruos,* 2005) o en contra de la guerra (*Los conquistadores,* 2004, en el que expone de un modo ingenioso cómo la dominación cultural es mucho más potente que la dominación bélica). En la exitosísima saga de *Elmer*, McKee se presenta como un defensor del derecho a ser distinto, a la diferencia, a la libertad expresada en el derecho a ser como yo quiera (o como me haya tocado) sin que nadie me lo impida. Esto es lo que hace que Elmer esté presente en todos los listados de maestras y maestros de escuela recomendando libros para trabajar valores. En una entrevista de 1996, publicada en la revista española *Peonza,* el entrevistador lo presentaba así: «Su espíritu aventurero y sus ojos grises vinieron en busca de otros alegres y risueños que le conocían a la distancia a través de colores y de animales, que no entienden de diferencias y sí de risas que acercan».[16]

Colores y animales que no entienden de diferencias y sí de risas que acercan me parece una síntesis casi perfecta de lo que representa la saga del elefante creado por McKee para los educadores y padres que tanto la recomiendan y regalan. El hábitat de Elmer es una selva psicodélica, políticamente abstracta, sin un orden, una especie de jardín idílico infinito, donde Elmer y sus amigos (básicamente todos los animales) juegan y se divierten. Los conflictos, cuando los hay, son suaves y siempre se resuelven con meros trucos de ingenio (*¡Qué gran idea, Elmer!,* 1993) o con un cooperativismo espontáneo (*Elmer y el gran pájaro,* 2008), en el que no hay casi lugar para la angustia, y la sensación reinante es que siempre que se sea honesto y auténtico (*Elmer y el canguro saltimbanqui,* 2000), se podrá salir adelante. El nervio de las historias de Elmer es su condición «multicolor» frente al gris de sus congéneres; Elmer es de todos los colores y esto es fuente algunas veces

16 Javier García Sobrino, *Peonza*, n.º 39, diciembre de 1996.

de pequeños malentendidos y problemas (*¡Elmer ha vuelto!*, 1991), pero, sobre todo, casi siempre, de diversión y de excusa para alguna pequeña aventura. No hay familia en Elmer, y ninguna clase de comunidad organizada. Están, sí, el primo Wilbur (que es blanco y negro), un bromista que aparece cada tanto, el abuelo Eldo y también la tía Zelda, que es una elefanta medio sorda. Todos parecen vivir lejos unos de otros, todos están solos, pero son libres y felices así. La comunidad toma la forma de una multitud esquemática y repetitiva, con el trasfondo policromado de la propia selva.

Por su parte, el educador progresista que hoy todos llevamos dentro se regodea en el antibelicismo, el ecologismo y la exaltación del derecho a las diferencias de McKee, sin ver que todas estas tendencias se dan en una nebulosa cuyo centro fundamental es la defensa a ultranza de la libertad individual. Se trata del progresismo cultural inherente al liberalismo (por el que hoy todos estamos más o menos atravesados), un progresismo cultural perfectamente compatible de hecho con el liberalismo económico más crudo.

El propio McKee da muestras de esta compatibilidad habitualmente silenciada. La mejor forma de comprobarlo es ver cómo, en el año 2010, momento álgido de una gran crisis financiera, cuando se oía aquello de «refundar el capitalismo», McKee publicó el álbum *Denver*, que es una especie de alegato a favor del emprendedor capitalista y en contra del activista político. En el centro de la crisis más grande del capitalismo en más de setenta años, se pronunció claramente a favor del liberalismo económico como única fuente de riqueza y prosperidad posible. En *Denver* se ve en toda su simplicidad la solidaridad conceptual entre la libertad de ser diferente, la exaltación de la creatividad y la creencia en que solo los individuos talentosos dejados a su libre albedrío pueden hacer funcionar nuestra sociedad. Denver es un talentoso millonario que da trabajo a muchísimas personas en su pueblo y que, presionado por la llegada de un forastero (representación clara del activista político) que convence a los habitantes del pueblo de que es injusto que él sea tanto más rico que los demás, decide repartir su fortuna entre toda la población y mudarse a otro lado. El resultado es catastrófico: los habitantes del pueblo se divierten al principio con el dinero repartido, pero como no son talentosos como Denver, lo malgastan y se lo funden. Al final, necesitan del talento individual de Denver para progresar.

El libro acaba con la amenaza antipolítica más fuerte que yo haya leído en la historia de la literatura infantil: «¿Y el forastero? Aún deambula por los pueblos sembrando el descontento. Si algún día te encuentras con él, no escuches lo que te diga».

## El rey está vestido

Babar no puede ser recomendado ya porque es conservador, colonialista, antiecologista y «heteropatriarcal». No en vano, Ariel Dorfman dedicó unas cuantas páginas a denunciarlo[17]. La anciana dama representaría el imperio, Celeste, a la esposa sumisa y la construcción y fundación de Villa Celeste, la falta más flagrante de respeto al medioambiente y el afán irrefrenable de dominio de las potencias occidentales sobre los países «subdesarrollados».

Elmer, en cambio, no puede ser acusado de ninguna de estas fechorías. En su simplicidad bonachona, respeta todas las diferencias, y no se impone sobre la libertad o el espacio privado de ningún otro.

17 En *Patos, elefantes y héroes. La infancia como subdesarrollo*, Madrid, Siglo XXI, 2002.

Pero, además, aunque ningún pedagogo progresista lo note, la defensa a ultranza de estos valores está en el centro (como muestra cristalinamente *Denver*) de lo que suele llamarse «neoliberalismo»; algo de lo que ningún progresista actual estaría explícitamente orgulloso.

No creo que esto tenga vuelta atrás y tampoco puedo decir que me parezca mal. Hemos avanzado mucho. ¿Cómo va a estar mal que nos preocupe inculcar a nuestros hijos el cuidado del medioambiente y el respeto a las diferencias (sexuales, sociales, culturales, raciales)? Aun así, al comparar a Babar con Elmer no puedo dejar de recordar las críticas de Hegel al liberalismo, esa descripción suya del burgués como un individuo que cree que el pavimento de las calles de la ciudad donde vive, su iluminación y su falta de violencia son naturales. El liberal es ciego para ver la violencia original (guerras, conquistas, grandes edificaciones), esa que fue piedra basal para el bienestar del que disfruta y que le permite expandirse en su libertad individual.

Como creía también Carl Schmitt (mal que nos pese, el más agudo crítico del liberalismo después del propio Hegel), el liberalismo no funda sociedades. El liberalismo es una defensa (una reacción) necesaria frente a los poderes de una sociedad ya fundada y establecida. No existe una fundación políticamente correcta. Detrás de toda fundación hay violencia, conflicto e imposición.

Quizá, forzando un poco los significados, se podría ver en Babar una reivindicación de la «libertad positiva», según la definió Isaiah Berlin (como el derecho a gobernarme), y en Elmer la defensa de la «libertad negativa» (el derecho a no ser molestado por otros).

* * *

Cuando Babar llega a la ciudad de los humanos por primera vez, huyendo del asesino de su madre, deambula desnudo y confundido por las calles, y finalmente queda fascinado por el espectáculo que ve. Así expresa ese momento clave Jean de Brunhoff:

> ¡Cuántas cosas nuevas! ¡Qué avenidas tan hermosas! ¡Tantos coches, tantos autobuses! Sin embargo, lo que más llama la atención de Babar son esos dos caballeros que se encuentra por la calle. Piensa: «La verdad es que van muy bien vestidos. A mí también me gustaría tener un bonito traje... ¿Cómo podría conseguirlo?».

Al quedarnos con Elmer y dejar atrás a Babar, nos quedamos en una civilización de la desnudez, la libertad individual y la autenticidad, y dejamos atrás una civilización del vestido, la sofisticación y el conflicto. Si Babar era el deseo de vestirse bien y gustar a los demás, Elmer es nuestro deseo de andar desnudos y que nadie se moleste por ello.

# La infancia y lo salvaje

## 1

¿Qué había venido a hacer aquí, a esta ciudad? Quizás había llegado después de viajar durante mucho tiempo en la bodega de algún buque o en el último vagón de un tren de carga que había atravesado lentamente el país, día tras día, noche tras noche. Quizás había decidido detenerse a ver el sol y el mar, las casonas blancas y los jardines con palmeras. Lo cierto es que venía de muy lejos, del otro lado de las montañas, del otro lado del mar. Con solo verlo, ya se sabía que no era de aquí y que había viajado mucho. Tenía una mirada negra y brillante, una piel color cobre y un andar ligero, silencioso, un poco torcido, como los perros. Tenía, sobre todo, una elegancia y una seguridad que los niños no suelen tener a esa edad y disfrutaba haciendo preguntas extrañas que parecían adivinanzas. Sin embargo, no sabía leer ni escribir[18].

18 J.-M. G. Le Clézio, *Mondo y otras historias*, Barcelona, Tusquets, 2010, p.12.

En Europa estamos acostumbrados, casi adiestrados, para sentir pena y culpa ante los niños pobres. Los vemos en el telediario, en documentales, películas y libros comprometidos que nos «conciencian» de cuán afortunados fuimos (somos) nosotros y nuestros hijos, criados con seguridad, salud y sofisticados sistemas educativos, y lo desgraciados que son ellos y su intemperie perpetua.

El fragmento que abre este ensayo describe a un niño solitario, quizás abandonado, huérfano, extranjero, vagabundo, sin techo, sin familia, analfabeto. Y sin embargo..., el niño no nos causa pena, sino admiración.

Bueno, admiración quizás no sea la palabra. Mondo, el niño poeta que protagoniza el relato más exitoso de Le Clézio, provoca en el lector una fascinación extraña: en él, la desgracia social —su condición ineducada y su desamparo material— no aparecen como lastres, sino como fuentes de belleza y libertad. De una libertad que como niños amparados y educados no hemos conocido, pero añoramos. Ante Mondo sentimos algo parecido a lo que sentía Tom Sawyer por su amigo Huck Finn: una especie de envidia tierna, condescendiente. Nostalgia de algo que no tuvimos (y, supuestamente, no desearíamos haber tenido): una infancia ineducada, peligrosa, salvaje.

Este carácter se repite en muchos otros personajes creados por J.-M. G. Le Clézio. En casi todos los niños que recorren los relatos de *Mondo y otras historias* (como Lullaby, la niña que decide dejar el colegio para siempre), pero también en muchas otras de sus novelas. Es inolvidable la orgullosa voz de Laila, la protagonista de *El pez dorado*: una niña marroquí negra, que fue raptada y vendida como esclava a los seis años, vivió parte de su infancia entre un prostíbulo y una chabola hasta que logró huir de Marruecos y llegar a París para sobrevivir en la calle como inmigrante ilegal.

Podríamos tomar estas obras de Le Clézio como libros de denuncia, pero lo denunciado no sería tanto la pobreza y la injusticia como la atrofia de la educación y los valores occidentales.

**2**

La infancia en mi memoria es un derroche,
una inmensa fortuna en el desierto,
una flor en las manos de un cosaco,
un tiempo en que creí no tener nada,

y sin saberlo tuve lo más grande:
esa firme creencia en que los años
pondrían a mis pies el mundo entero.
La infancia se parece a esos regalos
que a los niños les hacen para luego,
diciendo que los guarden, que algún día
aprenderán sin duda a utilizarlos.
La infancia es un regalo que disgusta
porque uno no sabe de qué sirve,
y, cuando al fin lo entiende, ya lo ha roto[19].

Le Clézio pasó parte de su infancia en África, en Nigeria. Su padre era médico; médico rural, podríamos decir. O médico salvaje. Los medios con los que contaba para ejercer eran de una precariedad extrema. En un libro autobiográfico muy corto, *El africano*, Le Clézio reconstruye la vida y la relación de su padre con África. Una relación de entrega y sacrificio, una vida peligrosa. La afiebrada historia de amor de sus padres, aventurados en la sabana infinita. Su propia experiencia infantil africana y ahí, tal vez involuntariamente, consigue narrar (o

19 Vicente Gallego, «La infancia», en *La plata de los días*, Madrid, Visor, 2005.

poetizar) la relación del hombre occidental con África y, en general, con lo otro, con lo salvaje. Una relación de miedo y atracción, de dominio y entrega, de culpa y deseo.

> No íbamos a la escuela. No teníamos club, actividades deportivas ni reglas, ni amigos en el sentido que se le da a esa palabra en Francia o en Inglaterra. [...] Nosotros éramos salvajes como jóvenes colonos, seguros de nuestra libertad, nuestra impunidad, sin responsabilidades y sin mayores. Escapábamos cuando mi padre estaba ausente, cuando mi madre dormía, y la llanura leonada nos atrapaba. Corríamos a toda velocidad, descalzos, lejos de la casa, a través de las altas hierbas que nos cegaban, saltando por encima de las rocas, por la tierra seca y resquebrajada por el calor, hasta las ciudades de las termitas. El corazón nos latía, la violencia desbordaba nuestro aliento, agarrábamos piedras, palos, y golpeábamos, golpeábamos, hacíamos derrumbar paredes de esas catedrales, por nada, simplemente por la felicidad de ver subir las nubes de polvo, escuchar desmoronarse las torres, para que el palo resonara sobre las paredes endurecidas y quedaran al aire las galerías rojas como

> venas donde hormigueaba una vida pálida, color nácar. Pero tal vez al escribirlo hago demasiado simbólico el furor que dominaba nuestros brazos cuando golpeábamos los termiteros. [...] Esos días en los que corríamos entre las altas hierbas en Ogoja eran nuestra primera libertad[20].

Es bastante fácil interpretar los otros libros de Le Clézio, el carácter de sus personajes infantiles (Mondo, Laila, Lullaby, etcétera), a partir de los recuerdos infantiles de *El africano*. Le Clézio contrapone el período de su infancia que vivió en Europa, al cuidado de su abuela, al tiempo pasado en África con sus padres. Uno es tranquilo, ordenado y seguro, el otro es peligroso, libre y verdadero.

Pero ¿no hay algo de ingenuo o cínico en todo esto? ¿No se trata de una mitificación gratuita de la miseria? ¿No es gracias a su educación occidental, ordenada, segura, por lo que Le Clézio es un gran escritor? En una entrevista de 2002 con el periódico chileno *El Mercurio*, Le Clézio cuenta cómo, a raíz de la recurrente fascinación por otras culturas en

20 J.-M. G. Le Clézio, *El africano*, Buenos Aires, Adriana Hidalgo, 2007, pp. 25, 35 y 36.

sus libros, la crítica en Francia lo tachó de ingenuo, simplista y de caer en el mito del «buen salvaje». Le Clézio explica así esta fascinación:

> La cultura occidental se ha vuelto demasiado monolítica. Privilegia hasta la exacerbación el urbanismo, la técnica, impidiendo de esa manera el desarrollo de otras formas de expresión: la religiosidad, los sentimientos, por ejemplo. En nombre del racionalismo se oculta todo lo impenetrable del ser humano.

**3**

Robert Louis Stevenson —el escritor favorito de Le Clézio— casi no cursó estudios durante su infancia. Aprendió a leer cumplidos los ocho años. Hoy los libros de Stevenson se siguen recomendando en los colegios, en las asignaturas de inglés y literatura. Su lectura es obligatoria para niños que odian leer, niños que han sido escolarizados y han rellenado fichas desde los tres años. Lo que no saben (creo) los educadores actuales es cómo adoraba Stevenson faltar a clase, irse de pellas.

Si volvéis la vista a vuestra educación, estoy seguro de que no será de las plenas, intensas e instructivas horas de novillos de las que os arrepintáis; más bien haríais desaparecer algunos de esos mortecinos momentos de clase que pasan entre el sueño y la vigilia. Por mi parte, en mi época, asistí a un buen número de clases. Todavía recuerdo que el giro de una peonza es un ejemplo de estabilidad cinética. Todavía recuerdo que la enfiteusis no es una enfermedad ni el estilicidio un crimen. Pero, aunque no me separaría voluntariamente de tales migajas de ciencia, no les tengo la misma estima que a ciertas rarezas que aprendí en la calle mientras hacía novillos. No es este el momento de extenderse sobre ese portentoso lugar de educación, la escuela favorita de Dickens y Balzac, y productora anual de montones de infames maestros de la Ciencia de la Vida. Baste decir lo siguiente: si un muchacho no aprende en las calles es porque no tiene capacidad de aprendizaje. Tampoco el que hace novillos está siempre en la calle; si lo prefiere, puede ir desde los ajardinados barrios del suburbio hasta el campo. Puede arrojar algunas lilas al arroyo y fumar innumerables pipas al son del agua contra las piedras. Un pájaro cantará en el matorral. Y puede que, entonces, sea llevado por agradables pensamientos y vea las cosas desde otra perspectiva. Si esto no es educación, entonces ¿qué lo es?[21].

Es probable que ser un genio descomunal de la fabulación no tenga nada que ver con ser un experto en educación. Los escritores no suelen cantarle a la escuela. Le cantan mucho más, como Stevenson, a lo otro, a lo que pasa cuando uno debería estar en la escuela, pero no está. Hacer novillos, hacer pellas, hacerse la rata o hacerse la rabona, hacer campana, ratearse..., es un escenario fundamental y recurrente de la literatura moderna. En cierto modo, es lógico: en su relación cotidiana con los adultos, los niños se encuentran casi exclusivamente con propagandistas de la escuela; la literatura en esto ha funcionado como una tradición oculta. A la literatura le repugna lo educativo, lo utilitario, lo que hay. La literatura es esencialmente solidaria con las pellas, con la rata, con la huida, con la ruptura del organigrama, con el repentino cambio de planes.

Se podría elaborar una bibliografía literaria de la rateada, un canon de literatura y novillos. Se me

21 Robert Louis Stevenson, *En defensa de los ociosos*, Madrid, Gadir, 2009.

ocurren ahora como puntos estelares, además del propio Stevenson (*La isla del tesoro*) y Le Clézio (*Mondo*), Benjamin Constant (*El cuaderno rojo*), Charles Dickens (*Oliver Twist*, *David Copperfield*), Mark Twain (*Las aventuras de Huckleberry Finn*), Ernst Jünger (*Venganza tardía*), Italo Calvino (*El barón rampante*), Daniel Pennac (*Mal de escuela*) y, por supuesto, el gran canto moderno a las pellas: *El guardián entre el centeno*, de Salinger.

**4**

No se trata de hacer una propaganda burda y absurda del absentismo escolar, tampoco de atacar gratuitamente a la escuela. Seguro que Stevenson, Le Clézio y todos los escritores le deben mucho a la educación escolar. Solo se trata de señalar una zona esencial de la vida infantil que se funda en la negación de lo educativo, de lo controlado, y que es, precisamente, el lugar de la huida, el lugar de la literatura.

La pregunta inquietante es qué ocurre hoy con esa zona. ¿Existe? ¿Puede existir? Lo cierto es que el modo contemporáneo de criar y de educar, atravesado por dispositivos digitales y sistemas de control permanente, ha hecho de las pellas algo cada vez más raro, cuando no directamente imposible. Los padres saben al instante si un niño no está donde debería estar. La escuela avisa, la aplicación notifica, el recorrido queda registrado. La huida clásica (la calle, el descampado, el campo, la errancia sin testigos) se ha vuelto excepcional.

Lo que sí parece existir es otra cosa: una rateada de interiores, doméstica. Fingir estar enfermo, quedarse en casa, desaparecer de la escuela no para ir a la calle, sino para hundirse en el teléfono y sus diez mil universos. Pasar la mañana navegando por territorios que también son salvajes, aunque de otro tipo: los arrabales digitales, los espacios sin adultos, sin programa, sin organigrama. No ya la fuga del espacio escolar al mundo exterior sin norma, sino a la red digital sin fin. Quizás hoy lo salvaje ya no esté en la intemperie, sino en la pantalla. No en la huida física, sino en la hiperconexión. Y la pregunta que queda abierta es si esta nueva forma de infancia salvaje —doméstica, silenciosa, digital— es más o menos emancipadora que aquellas pellas urbanas o rurales que celebraba Stevenson o que las infancias peligrosas y libres que imaginó Le Clézio. Si hemos perdido algo irremplazable o si simplemente lo salvaje, como tantas otras cosas, ha cambiado de lugar.

# Epílogo
# [Dietas para embarazadas]

## 1

Hablamos de una época de prosperidad total. La maternidad se ha vuelto un afán de virtud cada vez más específico, separado, voluntario, explícito. Las técnicas de fertilización artificial han permitido el desplazamiento de la maternidad a los cuarenta-cincuenta años. Y cada vez hay más ideas, más productos, más manuales, más decálogos, más programas vinculados a la crianza y la formación. Ser padre implica una atención permanente y total a las posibles mejorías en la educación de los hijos.

Hablamos de una educación desatadamente progresista. Una crianza en la que los padres todo lo hacen inspirados en una convicción: la formación del hijo es un proceso inagotable, indefinidamente mejorable. Siempre, en todas y cada una de las áreas de la existencia del hijo hay algo que pulir, algo que agregar, algo que podar; porque es él, el hijo, el que lleva el infinito dentro, el que es infinitamente perfectible. Como toda obra.

Esta clase de progresismo educativo no se conforma nunca (el rechazo al conformismo es una de las épicas más universales, histórica y geográficamente). No deja terreno sin explorar. No se conformó performando la educación del niño: intervino también en su alimentación, incluso en la del feto; es decir, en la alimentación de la madre durante el embarazo.

La alimentación de la madre durante el embarazo es el tema de esta historia.

## 2

Como parte de este afán mejorativo, se fabricó un escáner cerebral del feto que permitía medir la evolución de su inteligencia a lo largo del embarazo. Se realizaron estudios comparativos de madres con dietas muy diversas, se cruzaron datos mundialmente, se sacaron conclusiones probabilísticas y se inició una ola de «dietas para embarazadas» que supuestamente influían en la inteligencia del feto.

## 3

Florecieron entonces las dietas para embarazadas que harían más inteligentes a los futuros niños. Dietas biorregenerativas, dietas antigrasas, dietas gaseosas, hipercalóricas, nefropaneadas, siempre entusiasmantes. Dietas atractivas, lindos planes, sutiles organigramas alimenticios que sirven de mecha, de catalizador para esa ambición de grandeza que casi todos, más o menos dormida, llevamos dentro. Dietas para el futuro orgullo de las mamás. Dietas que harían mejor al mundo aumentando la presencia de mentes preclaras, de neonatos hiperprometedores.

Las madres se sometieron una y otra vez, las modas variaban, pero ya no existió embarazada en el mundo desarrollado que no siguiera una dieta inteligenticia. En un primer momento las dietas no hicieron más que multiplicarse, pero al poco tiempo muchas pasaban de moda; finalmente quedaron cuatro o cinco que acaparaban todo el mercado.

## 4

Se desarrolló entonces todo un sistema de antagonismos sociales y culturales alrededor de la elección de una u otra dieta inteligenticia: había dietas más *mainstream* y había dietas más alternativas, pero la propia naturaleza «innovadora» de las dietas inteligenticias hizo que muchas opciones más bien alternativas, más rebeldes, más *cool*, menos casposas, más naturales, con menos aditivos, acabaran siendo las más exitosas. Entre lo tecnológico y lo naturista (esas dos formas de modernidad paradójicas que alimentan todas nuestras fantasías de progreso), en lo que a dietas inteligenticias respecta, acabó triunfando la opción naturista. Pero tanto que el sistema se volvió monista, monolítico, cuando apareció la dieta definitiva, la dieta *autotrófica*. Un intento absolutista de volver a «lo más esencial de la naturaleza»: los mecanismos alimenticios de los organismos autótrofos. Auspiciada por estudios universitarios escandinavos, nació la dieta autotrófica o *dieta marrón* como popularmente se la conoció.

Esta dieta —que consiste simplemente en que las futuras mamás, entre el tercer y el quinto mes del embarazo, se alimenten exclusivamente de su propia caca— arrambló con todas las demás. Aun hoy es un desafío descubrir el secreto de su éxito, de dónde obtuvo su credibilidad, por qué se extendió tanto y tan rápido... Pero así fue: por doquier las futuras mamás comiendo su propia caca para dar a luz niños más inteligentes.

Es cierto que parecía un paso casi lógico después de otras dietas para embarazadas que venían triunfando, como las basadas en limpiezas internas a base de fruta podrida. En *El rincón de Mariana*, programa de televisión dedicado a recomendar dietas inteligenticias, fue totalmente natural el paso de las dietas a base de granos de cereal crudo y té de savia a las dietas *marrones*[22].

**5**

La variedad —y, por tanto, también el conflicto— pronto se manifestó dentro de las dietas marrones. Por un lado, estaban las dietas más «puristas», las que insistían no solo en que la embarazada comiera caca durante el tercer y el quinto mes, sino que subrayaban también que debían comer *solamente* caca en ese período y, sobre todo, *solamente caca propia*. Estas

22 De hecho, fue probablemente uno de los momentos clave para la instalación de la dieta marrón el que una creadora de opinión tan importante en el campo de las dietas inteligenticias como Mariana Sarabia mostrara en cámara sus propias heces y se las comiera delante de la audiencia. Muchas madres antes temerosas se apoyaron en ese gran gesto para envalentonarse y comenzar a practicar la dieta marrón: «No tenemos nada de qué avergonzarnos: somos madres, somos solidarias, damos vida, damos amor y, por supuesto, damos luz e inteligencia al mundo. Comer nuestros desechos para hacer mejores a nuestros hijos es un gesto que debe enorgullecernos, y con él honramos la vida que nos fue dada».

dietas hacían más hincapié en el componente *auto*trófico. Esta variedad más «purista» lo era, sobre todo, porque de ella no se podía sacar provecho comercial alguno (salvo los libros sobre dietas y los cursos sobre dietas); no se podía vender ningún producto para la dieta, porque esta se basaba en lo que más gratuitamente nos pertenece a todos: nuestra propia caca. Esto hacía que muchos grupos anticapitalistas que habían sobrevivido milagrosamente a la evolución de la humanidad adoptasen dietas marrones «fuertes», que fue como se llamaron.

Sin embargo, a nivel mayoritario, la tendencia fue la otra, la de las dietas marrones «débiles» o *light*: aquellas que promocionaban las ventajas de ingerir caca durante los meses tercero y quinto, sin importar que fuera *solamente* caca (se podía combinar un bol de caquita de entrante, con un cordero al horno de segundo) y, sobre todo, sin importar que fuera *caca propia*. Las dietas *débiles* fueron mucho más masivas, gracias a sus plataformas de lanzamiento publicitario, a que su retórica se nutría de lo rentable que eran como negocio: se empezaron a vender pastillas de caca para embarazadas en las herboristerías primero, como productos raros (hechos en principio en alguna granja noruega por un grupo de ecologistas de vanguardia), pero rápidamente se inició una producción industrial de pastillas de caca. Su éxito residía en que eran más fáciles de ingerir que la caca fresca de uno mismo porque venían deshidratadas y secadas, como si de galletas más suaves se tratara.

## 6

En realidad, ya desde el primer decenio de expansión masiva de las dietas marrones, se empezaron a fabricar en varios parques industriales chinos píldoras de caca saborizadas. Unas deliciosas pastillas que estaban hechas con caca humana, pero con sabores variados añadidos a la materia original para facilitar y hacer agradable la ingesta de la embarazada. Los empresarios chinos que tuvieron la idea estaban atacando sin saberlo la esencia *auto*trófica de la dieta, privilegiando la visión de la dieta como dieta de la caca, sin importar que fuera *propia* o no. Así se había desarrollado en el gigante oriental toda una cadena industrial que tenía como eslabón inicial los puntos de recogida de caca fresca diseminados en cientos de miles de pueblos miserables. Poco, muy poco, pero algo se pagaba por la caca a los agradecidos campesinos que pululaban por los puestos de recogida. Esta red daba trabajo (o al menos algo que vender) a millones de personas. Según lo describió Martín Carrara en su mítico blog de viajes: «Las colas de chinos escuálidos esperando para defecar a cambio de un puñado de monedas eran tan largas que se perdían en el horizonte, como una serpiente gris, entre los valles y colinas del Asia profunda».

Las pastillas de caca saborizadas se vendieron por toneladas; principalmente se exportaban a Europa y América. No había góndola de supermercado que no las tuviera en todas sus variantes (de color, de olor, de sabor, de textura). En un momento dado, empezaron a recibir algunas reclamaciones por parte de las asociaciones de consumidores europeas. Poco a poco, se instaló en los medios de comunicación una sospecha: los fabricantes chinos podrían no estar usando *verdadera* caca humana fresca para la confección de las pastillas saborizadas, sino comida común y corriente, «disfrazada» de caca humana saborizada. La BBC mandó a un enviado especial que filmó un impactante documental desenmascarando «la pérfida sustitución china de caca fresca humana por un compuesto macerado al sol de frutas, verduras y cereales». Ante la conmoción y alarma de los consumidores occidentales, el Gobierno chino negoció un juicio rápido en el que una camarilla de empresarios locales fue condenada. El caso se cerró sin mucha investigación y con él todas las fábricas de pastillas de caca chinas.

## 7

Por supuesto, los primeros impulsores de la campaña de desprestigio que sufrieron las pastillas chinas fueron los puristas, los practicantes de dietas de la caca *fuertes*. Para ellos, la pastilla china era ya rechazable desde el preciso momento en que era declarada y explícitamente caca *no-propia* de la mamá en dieta. Hubo una institución clave en la animada vida de esta facción purista: la Liga de la Caca, una organización internacional que se presentaba como una red de ayuda a las embarazadas que quisieran someterse del modo más auténtico a las dietas marrones. En cientos de ciudades alrededor del orbe había reuniones semanales, conferencias e incluso turnos de ayuda individualizada a las futuras mamás comedoras de caca puristas. Fue en esas conferencias y reuniones donde se empezó a tejer y a difundir la indignación con las pastillas de caca industriales, verdaderas encarnaciones de la «mercantilización banalizadora de la esencia de la dieta autotrófica».

## 8

Aun así, lo que efectivamente acabó pocos años después con las dietas marrones no fue la desaparición de las pastillas chinas, sino una radicalización del movimiento original que terminó disolviéndolo sin querer. Hablamos de la subsunción de las dietas marrones en las dietas *del asco*.

A partir de la observación y el estudio de una comunidad coprófaga de California con una larga trayectoria, un grupo de antropólogos brasileros determinó que, si bien muchas de las coprófagas practicaban ya (sin saberlo) la dieta de la caca desde hacía años (en efecto, de toda la vida las embarazadas de la comunidad comían su propia caca *por gusto* durante *cada* embarazo), los test de inteligencia posteriores de sus hijos no indicaban nada parecido a inteligencias superiores (eran chicos normales...). Las dietas marrones no hacían efecto en las madres que comían caca por gusto. Entonces, los investigadores sudamericanos lanzaron la hipótesis selectiva del asco: la dieta no funcionaba en las coprófagas porque no es la caca misma la que provoca el incremento de inteligencia en el feto, sino el *asco* de la madre al comerla. Al no sentir asco, sino gozo al comer su propia caca, el organismo de la coprófaga preñada no aumenta la inteligencia del feto. Según esta teoría, lo importante era comer *algo asqueroso* entre los meses tercero y quinto del embarazo; que fuera caca, propia o ajena, *no tenía en realidad ninguna importancia*. Lo único que importaba es que la madre sintiera asco al comer en esos meses, un asco profundo[23].

Al convertirse en «dietas del asco», las dietas marrones se fueron deshilachando casi hasta desaparecer. No fue posible forjar una industria sobre «el asco», porque el asco es difícil de vender, y cada embarazada podía elegir no exactamente «a su gusto», sino más bien «a su asco»: hay quien siente asco por los mejillones, hay quien siente asco por el queso, hay quien siente asco por las hormigas,

23 Esta teoría explicaba de modo retroactivo que hubiera literatura abundante defendiendo que las pastillas de caca chinas saborizadas en su enorme mayoría sí estaban hechas de caca humana auténtica; si no funcionaban, era porque quitaban el elemento clave en el proceso inteligentizador del feto: el asco.

etcétera. Ya no hacía falta comer caca, cada cual podía elegir entre las miles de opciones de cosas asquerosas que pudiera imaginar.

Con el paso del tiempo, las dietas inteligenticias fueron desapareciendo de la escena; el *asco* no resultó tan vendible como la caca[24].

## 9

Solo sobrevivieron algunas sectas «autotróficas» extremistas. Muy extremistas. La parte más purista de la Liga de la Caca no es que no hubiera aceptado

24 También es interesante, para ver hasta qué punto la filosofía académica ya era entonces una mera herramienta sofisticada de algunos estudios culturales especialmente pedantes, señalar el éxito enorme que tuvo un *paper* de un profesor de la Universidad de Locarno, titulado «La esencia de la dieta de la caca: ¿la caca o el asco? El giro kantiano aplicado a las dietas de la caca». El texto era de una sutileza extraordinariamente retorcida. Su argumento, en pocas palabras, el mismo que el de los defensores de las dietas del asco, pero expuesto desde el punto de vista del conocido giro kantiano: «Si lo que origina el efecto inteligentizador (mejorador) del feto en ese momento clave (meses tres a cinco) no es ningún componente de la caca propia, sino el asco sentido por la mamá en el acto de comer la caca, se puede decir también que no es en el objeto (la caca), sino en el sujeto (la mamá comedora de caca), donde tenemos que situar la clave del proceso mejorador del feto. Es la sensación producida por la caca (no la caca misma, *nouménica*) la que actúa decisivamente sobre el proceso de formación de la materia gris del feto».

el *giro kantiano*, el giro hacia el asco como centro de la dieta, sino que le había parecido insuficiente en su radicalismo. Pronto surgieron dos o tres gurús que, en diferentes partes del mundo, propagaban que no era el asco, sino *el sacrificio* de comer algo asqueroso, el sacrificio de la madre al comer, lo que aumentaba la inteligencia del feto. No era el asco el principio activo, sino el efecto físico (alguna enzima liberada) de la conciencia de la madre de estar realizando el *sacrificio* de comer con asco durante tres meses para aumentar la inteligencia de su hijo. De modo que cuanto más *sacrificio* al comer, más *pura* era la dieta y más inteligencia podía ganar el feto. La búsqueda de comidas *sacrificiales* se volvió el núcleo obsesivo de estos grupúsculos hiperpuristas.

El caso más extremo conocido fue, sin duda, el de «la loca de Moratalaz», en el que se descubrió a una mujer (un cuadro importante de La Liga, dicen) de 42 años que, en el afán de dotar de más inteligencia a su tercer hijo, se había comido a los otros dos y a su marido entre el tercer y el quinto mes del embarazo.

# Nota editorial

Algunos de los ensayos reunidos en este volumen tuvieron versiones previas publicadas entre 2016 y 2019 en periódicos y revistas culturales, como *El Español*, *Vanity Fair* y *Dossier*. Han sido sustancialmente revisados y reescritos para este libro.

## Santiago Gerchunoff

Nació en Buenos Aires, en 1977, y vive en Madrid desde 1997. Es doctor en Filosofía por la Universidad Complutense de Madrid. Actualmente es profesor de Teoría Política en la Universidad Carlos III y profesor de Filosofía en el IES Alameda de Osuna. Fue librero fundador de la librería Muga y director editorial de Clave Intelectual y Siglo XXI. Escribe ensayo y crítica cultural. Sus últimos libros son *Ironía On. Una defensa de la conversación pública de masas* (2019) y *Un detalle siniestro en el uso de la palabra fascismo. Para qué no sirve la historia* (2025), ambos publicados en Anagrama.

Este libro está impreso con tipografía
Untitled Serif tamaño 10,7 pt.
Se terminó de imprimir en los talleres
de Kadmos en marzo de 2026.